罗向军◎著

U0595833

家校社

协同育人

——一位中学校长的实践探索

上海教育出版社

序言

在新时代全面深化教育改革、落实立德树人根本任务、贯彻落实《中华人民共和国家庭教育促进法》以及实现初中思政教育一体化的背景下，健全和完善学校、家庭、社会协同育人机制成了必然要求。这一机制是学校整体发展的重要组成部分，也是实现学校教育高质量发展的关键步骤，有助于建立良好的家校关系，形成紧密的教育共同体，使学校能够更好地满足学生的个性化需求，推动学校教育向更高质量的方向发展。

家校社协同育人打破了传统教育的壁垒，构建了一个更为综合和更具有支持性的成长环境。这种环境能让学生在成长过程中，受到来自家庭、学校和社会的多方面影响。通过家校社三方的协同努力，我们可以更好地把握教育的多元性和复杂性，不仅有助于学生的全面发展，还能为他们提供更为丰富和有深度的教育体验，帮助他们更好地迎接未来社会的挑战。同时，家校社协同育人的合作模式也能使教育更具包容性和综合性，有助于培养富有创造力和适应力的新一代人才。因此，党和国家都非常重视家校社协同育人机制的建设。

教育部等十三部门发布的《关于健全学校家庭社会协同育人机制的意见》提出，健全学校家庭社会协同育人机制是党中央、国务院做出的重要决策部署，事关学生全面发展健康成长，事关国家发展和民族未来。近年来，各地积极探索推进学校家庭社会协同育人，取得了明显成效，但仍存在职责定位不够清晰、协同机制不够健全、条件保障不够到位等突出问题。因此,在建设和完善家校社协同育人机制时,必须坚持以习近平新时代中国特色社会主义思想为指导,认真贯彻落实习近平总书记关于教育和注重家庭家教家风建设的重要论述,全面贯彻党的教育方针,落实立德树人根本任务,弘扬中华优秀传统文化,坚持科学教育观,增强协同育人共识,积极构建学校家庭社会协同育人新格局,着力培养德智体美劳全面发展的社会主义建设者和接班人。

课程建设在家校社共育中起着至关重要的作用。它通过明确定义学生的学科知识、技能和品德素养,为共育提供了统一的方向,为整个育人体系提供了一个明确的框架,使家庭、学校和社会在共同的育人目标下更好地协同合作。这有助于在学校和家庭之间建立更密切的联系,促使教育资源更有针对性地整合,提高了教育的系统性和协同性。同时,课程建设也为个性化发展提供了支持,能够更好地满足不同学生的需求,使他们在家庭、学校和社会的多元环境中得到更全面的培养。这样的整体性课程设计有助于建立更为有机的教育体系,为学生提供更全面的成长支持,推动国家育人目标的落实与深化。

上海市金卫中学积极响应党和国家的召唤,秉持为党育人、为国育才的初心和使命,在教育高质量发展的背景下,着力构建面向家长和社会的"幸福 e 家"家校社共育课程,开辟了一条家校社协同育人的有效路径。学校深知教育的重任在于培养有担当、有创新力的新一代国家栋梁,因此特别关注如何通过家校社共育课程更好地整合家庭和社会的资源,从而支持学生的全面发展。

在家庭层面,学校不仅致力于为家长提供学业指导和家庭教育的支持,更鼓励家长积极营造和谐的家庭学习氛围。通过与家长的紧密合作,学校能更好地促进学生素质的全面提升。在社会方面,学校积极拓展与社会各界的合作,引入丰富多彩的社会资源,为学生提供多元的、具有实践性的学习机会。社会的广泛参与不仅为学生提供了更广阔的发展平台,也促进了教育的创新与变革。在社会的大力支持下,家校社共育有了更多元、更有深度的育人空间。

家校社共育课程的构建是上海市金卫中学对家校社协同育人的积极探索,也是对家庭和社会共同参与教育的热切期望。学校希望通过三方的共同努力,培养出具备创新思维和社会责任感的新一代人才,以回应党和国家对人才的需求。

谨以此书,为各位同仁提供一些经验,也为健全和完善家校社协同育人机制贡献一份力量。

目录

上篇

让家校社课程理念看得见

近年来，国家高度重视家校社协同教育工作，并高规格地、密集地出台了多项教育改革政策，不断推进家校社协同教育的科学发展。这些举措使家校社协同教育取得了显著成效。然而，在学校、家庭和社会协同育人的具体实践过程中，出现了若干问题，如家校社三方教育观念不匹配、教育责任与边界不清、社会教育参与度不高、家庭教育科学性不足等。这些问题对于构建学校、家庭与社会"三位一体"的协同育人新格局提出了现实挑战。因此，在建构家校社共育课程时，我们必须确保学校、家庭和社会都能明确自己在家校社合作育人中的职责，并积极参与家校社协同教育工作，以提升家校社协同育人的实效。

第一章 家校社共育的历史探索

第一节 国际探索

一、美国的国家家长教师协会

美国的国家家长教师协会(National Parent Teacher Association,简称 PTA)作为美国历史最悠久且规模最庞大的家长教师联合组织,深深扎根于社会教育的沃土中。该组织的前身是全国母亲协会(the National Congress of Mothers),成立于 19 世纪末。PTA 的宗旨在于提升儿童和青少年在家庭、学校及社区中的福利,关心和保护儿童及青少年,并为他们争取法律保障。同时,该组织还旨在提高家庭生活水平,促进家庭与学校之间的联系,使家长和教师能在儿童培养方面更有效地协作。

在美国的州和国家层面,PTA 的影响无处不在。每所大、中、小学校均设有相应级别的家长教师协会,构成了一个庞大且有机的组织网络。在美国,学生的家长或监护人自动成为家长教师协会的成员,这使 PTA 成为全美最大的父母志愿者团体和最大的非营利性儿童教育促进机构。

PTA 的组织体系呈金字塔形,由上至下分为全国家长教师协会、各州级家长教师协会以及地方和学校家长教师协会。这种层级体系不是简单的上下级关系,而是在独立性的基础上形成了一个有机的合作网络。全国家长教师协会作为家校合作的领导者,负责制定总体政策、任务和计划项目。各州级协会则负责执行全国协会的政策,并指导地方和学校家长教师协会的工作。地方和学校家长教师协会作为家校合作的基层单位,需遵守州协会制定的规章,承担着与学生生活密切相关的具体工作。

PTA 的活动领域广泛,旨在促进学校和家庭之间的紧密合作,在推动教育改革、维护儿童权益和提供学术支持等方面发挥了重要作用。作为家校协同育人的重要平台,PTA 通过组织家长和教师参与学校事务,促进了双方的有效沟通和协作。此外,PTA 还通过家庭活动、义工服务以及社区合作等方式,加强了社区和学校的联系,为学生提供了更广泛的成长空间。

在实践中,PTA 的影响力并不局限于学校内部。该组织还在国家层面参与制定教育政策,为家庭和学校提供合理的法律支持。通过在国家和地方层面的政策倡导,PTA 成功争取到了一系列法律法规,确保儿童及青少年在学校和社区中的权益得到充分保障。

除此之外,PTA 还鼓励家长和教师在儿童培训上的积极合作。通过定期的研讨会和培训活动,PTA 为家长和教师提供了一个交流与学习的平台,让家长更深入地了解学校的教育理念和方法,与教师建立更紧密的联系。这种家校合作不仅促进了学生综合素质的提升,也为家长提供了更多支持,使家庭教育和学校教育形成了良性互动。

综上所述,美国国家家长教师协会通过其广泛的组织网络、多层次的合作体系以及丰富的活动内容,为促进家庭教育、学校教育和社区教育的有机结合提供了一个成功的范例。经过长期的努力和不懈的探索，PTA 已成为美国社会教育的重要支持力量，为儿童和青少年的全面发展创造了良好的教育环境。这一经验对其他国家在构建家校社协同育人机制、推动社会教育发展方面具有积极的借鉴意义。

二、日本的"学校—家长"联合会

"二战"后，日本的协同教育组织完全照搬了美国国家家长教师协会的做法，并在此基础上进行了发展。1952 年，日本的"学校—家长"联合会(PTA)全国议会正式成立。经过 70 多年的发展，PTA 已在日本找到了合适的发展空间，为家长和教师这两大主要会员群体提供了相互学习的机会，并在会员之间开展了各种社会活动。PTA 的宗旨在于为学生营造适宜其成长的家庭和社区教育环境，加强对青少年校外生活的关注，从而实现学校、家庭和社会之间的有效沟通，使家庭教育与学校教育紧密结合。

作为家校合作的重要方式之一，PTA 在日本的学校教育中发挥着显著作用。首先，它为学校的综合学习课程提供支持服务。1998 年 12 月和 1999 年 3 月，日本文部科学省修订了中小学《学习指导要领》，规定从 2002 年起，小学和初中开始开设综合学习课程。在这些综合学习课程的落实过程中，PTA 成员积极参与课程的开设，包括搜集资源、招募讲师、学习课程目标、承担课程任务、与教师共同制订教学计划及开展教学活动等，充分利用其专业知识和技能，以促进课程的顺利完成。

其次，PTA 对于学校教育中出现的"教育荒废"现象进行了深入讨论，并提出了建设性建议。家长与教师共同合作，了解班级学生的状况，在遇到问题时积极沟通；针对在孩子辅导上遇到困难的家长，教师和 PTA 的其他成员会提供帮助；在课堂教学中，家长和教师精心设计教学活动，注重培养学生的兴趣，创设快乐的课堂环境；在学校内为社区居民设置活动场所,增加学生与社区居民的互动,提高居民对孩子的教育意识。同时,PTA还关注孩子的身心发展,一旦发现问题,能够及时应对。

最后,PTA在促成学校"周五日制"政策的落实中发挥了重要作用。在周末,PTA会组织各类亲子活动,如露营、远足、烹饪、敬老服务等,以促进学生的健康成长和能力发展。各市、町、村的PTA还为儿童设立了活动中心和自然体验村,提供社会角色扮演的机会。这些丰富多彩的活动为"周五日制"政策的实施提供了坚实的保障。

三、俄罗斯的家长委员会

俄罗斯的家长委员会在教育管理中扮演着至关重要的角色。1992年颁布的《俄罗斯联邦教育法》为俄罗斯教育管理奠定了"国家—社会"性质的基本原则。该法律明确规定,教师、学生和家长作为教育的主体,均有权利参与和管理学校教育活动。这为家长参与学校管理提供了法律保障,使他们成为教育决策的重要参与者。2013年新修订的《俄罗斯联邦教育法》进一步明确了未成年人家长在教育领域的基本权利、义务和责任,强调了家长在塑造教育环境中的积极角色。

为实现"国家—社会"管理教育的原则,俄罗斯建立了不同层级的家长委员会。在联邦层面,全俄家长委员会是由教育部倡导设立的社会组织机构,致力于协调和促进全国范围内的家长参与教育管理。在地方层面,各市属家长委员会则在本市范围内组织和协调家长的参与,推动提高教育工作水平。这一层层组织结构的建立有助于确保家长在教育管理中的有效参与,并为学校管理提供多层次的支持。

学校家长委员会作为学校的自治机构之一,在俄罗斯教育体系中具有重要地位。其职责涵盖了多个方面,包括为学校行政部门提供建议的权利。这意味着委员会有权参与决策过程,为学校管理提供专业意见和建议。此外,学校家长委员会通过听取和收集来自教育机构领导及其他学校自治机构的信息，保持对学校内部事务的了解，有助于形成全面的管理视角。同时，该委员会由校长直接管辖，其活动必须依据《俄罗斯联邦宪法》和《俄罗斯联邦教育法》，并遵循其他相关的联邦法律、地区法律以及学校章程和学校家长委员会条例。这种法制化的管理机制旨在确保学校家长委员会的活动合法、公正、透明，为学校教育的有效运作提供法律基础。

学校家长委员会在家庭教育的过程中发挥了引导和支持的作用。委员会组织家长学习，使他们了解自己的权利和义务，认识到家庭对学生进行全面教育的重要性。同时，该委员会还充分利用家长的潜在社会资源，帮助学校保护学生和教师的法律权利和利益。通过交流与学习，委员会提高了家长对学生法律保护的意识，从而增强了家长在学校管理中的参与度。此外，委员会还奖励那些在学校管理中做出积极贡献的学生家长，鼓励更多家长投身到学校事务中。

学校家长委员会有权力对学生家长进行公开的社会谴责，针对家庭教育中的偏离情况，通过公开的方式提醒社会对其进行关注。这种公开的谴责机制对于促使家长履行其教育责任，增强家庭教育的有效性，具有一定的震慑和引导作用。

总体而言，俄罗斯的家长委员会制度在实现"国家—社会"管理教育原则、促进学校管理和家庭教育的有机结合方面，发挥着重要作用。通过法律的明确定位和组织机构的建立，该制度为俄罗斯教育体系提供了有力的支持和监督机制。这一制度的经验对于其他国家在推动家校协同育人、强化社会参与、提高教育质量等方面，具有积极的启示和借鉴意义。

四、法国的家长协会

在法国教育体系中，家长协会是不可或缺的重要组成部分，它为促进学校管理与家庭教育的有效结合提供了重要支持。这一组织成立的目的在于协调家长与学校之间需要解决的复杂问题,以促进更加紧密的家校合作。法国法律明确承认了家长协会的地位及其享有的权利,并规定了一系列家长协会的权益,以确保其在教育领域中拥有充分的参与权。

首先,法国家长协会在法律层面享有多项权利,包括咨询、交流及散发工作文件等。通过这些途径,家长协会能够更直接地了解学校的运作和决策过程,从而更好地参与学校事务。此外,法律还规定家长协会应当享有一定的基本工作条件,如拥有告示板、布告栏、活动场地等,以确保其活动的顺利进行并有效地传递信息。

在学校管理层面,家长代表是学校教育中的关键参与者,代表所有家长行使权利。家长代表主要分为四类:第一类是校务委员会的家长代表,他们通过选举产生,确保家长在学校管理中具有直接的代表性;第二类是班级委员会的家长代表,由校长从校务委员会选出,负责班级层面的事务;第三类家长代表由省级、大区级家长协会指定,参与省教育委员会和学区教育委员会的决策;第四类是政府指定的家长代表,他们在最高教育委员会、高等教育与研究国家委员会和教育经济高级委员会中拥有席位,为教育政策的制定提供家长的观点。

法国家长协会历史悠久。早在 1905 年,法国就出现了最早的家长协会。1926 年,它获得了公立学校学生家长联合会的官方认可,服务于中等教育。1964 年经过重组后,该协会逐步扩大到覆盖从幼儿园到大学各阶段的公立学校学生家长。其中,学生家长协会联盟作为最重要的家长协会之一,自 1947 年成立以来,一直在推动家校合作。该协会最初负责小学阶段的教育,后来扩展到中学阶段,并与国家教师工会和教育联盟紧密合作。

家长协会的存在和发展为法国教育体系注入了积极的力量,并促进了家校之间的紧密联系。通过法定权益和代表制度,家长协会在法国教育体系中发挥着促进家庭教育和参与学校管理的关键作用。这一协同育人的机制强调了家校社合作在塑造良好教育环境中的重要性,为其他国家提供了一个值得借鉴的参考模式。

五、澳大利亚的家长委员会

澳大利亚家长委员会(Australian Parents Council,简称 APC)成立于 1962 年,是一个非营利、非教派、非政党的组织,起源于家长群体对学校公共资金分配不均的抗议。该组织由澳大利亚各州和地区的附属组织组成,旨在通过与利益相关者和政府的合作,推动包容性教育改革。作为一个由家长资助且得到政府支持的组织,澳大利亚家长委员会的核心成员包括来自不同领域的资深工作者,他们在教育领域拥有独特的见解和专业知识,为委员会的运作提供了多元视角。

该委员会在澳大利亚教育体系中扮演着重要的桥梁角色,能有效地将家长的声音传递给相关利益方和政府。在推动包容性教育改革方面,委员会不仅通过抗议不公平的学校公共资金分配,还积极参与教育政策的制定和实施,致力于构建一个更加公正、平等的教育体系。作为非政治性组织,家长委员会能跨足不同领域,促进各方合作,为家庭教育事业的发展提供了独特平台。

在家长委员会的运作中,广泛吸纳家长的意见是其成功的关键之一。通过定期的会议、访谈和调查等形式,委员会积极倾听家长的需求,确保其代表性和包容性。这种开放的沟通机制有助于建立一个紧密的家校社区,形成共同致力于改善学校教育的合力。

在教育改革方面,澳大利亚家长委员会并不仅限于政策层面的参与,还通过组织与家庭教育相关的培训、工作坊和汇集专业信息与建议等方式,深入参与家庭教育的实践。通过推出与家庭教育相关的培训与工作坊,家长委员会为家长提供了学习平台,使他们能更好地理解和应对子女在学习与成长中遇到的问题。这种专业支持不仅涵盖了学术方面的知识,还包括关于家庭教育的实用建议,帮助家长更好地履行他们在子女教育中的责任。

通过组织和邀请专家讲座、答疑等方式,家长委员会还搭建了家长交流的平台。在这个平台上,家长们得以分享彼此的经验和智慧,共同探讨解决学校教育和儿童学习发展中的挑战。这种社区互助的氛围有助于形成一个更为紧密理解和支持的社区,促进了教育资源的共享和经验的传承。

总体而言,澳大利亚家长委员会强调了家长在教育改革中的不可替代作用,通过政策参与、家长反馈和家庭教育实践等多方面的努力,为促进澳大利亚的教育改革和家庭教育提供了宝贵的支持。其成功经验为其他国家的类似组织提供了有益借鉴和启示。

第二节 本土探索

在中国古代,教育始终受到统治者的严格控制,其根本目的在于培养和选拔人才,以更好地治理国家并维护社会稳定。这种教育强调了政治统治和社会秩序的维护,学校在此背景下成为服务于统治阶级的机构。在这一时期,教育的宗旨主要体现为官师一体、政教合一,管理者既包括教师,也包括政府官员。这种体制加强了政府对学校的直接管理,却相对削弱了家长和社会的参与度。直至1903年,中国推行了"癸卯学制",这被认为是中国教育体系向现代制度过渡的重要里程碑。该制度的颁布标志着现代学校体系的确立,为学校、家庭和社会之间的合作关系创造了契机。随着现代学校制度的建立和发展,中国教育逐渐向注重个体的全面发展和素质培养的方向转变,学校与家庭、社会合作的理念也开始在这一时期萌芽。

一、家校社共育初期:1949—1977年

中华人民共和国成立后,社会进入了平稳发展期,学校教育得到发展,大多数孩子都有机会进入学校。然而,学校作为教育的权威组织很少指导家庭教育,导致家长难以参与学校教育,家庭教育的职能逐渐萎缩。随着教育事业的发展,人们逐渐认识到仅靠学校难以完成青少年的教育工作,仍然需要家庭的合作与帮助。因此,在20世纪五六十年代,学校和家庭的合作开始受到重视。1952年,中央人民政府颁布了《小学暂行规程(草案)》和《中学暂行规程(草案)》,分别通过家长委员会(小学)和学生家长会议(中学)的制度提出了学校与家庭联系的要求,以征询家长对学校的意见并协助学校解决困难。《小学暂行规程(草案)》还

要求学校定期开展学生教育讨论会议,主要内容包括学校为家长做工作报告,家长对学校的工作提出意见和建议。同时,还对家长委员会的组成和任务做了明确规定。这标志着我国实施家校合作的开始。但这一时期的家校合作还未被扩展为家校社合作,社会教育并未被提到,也没有得到重视。

这一时期的家校合作,仅从家庭教育出发,通过提高家长素质和家庭教育水平来促进家庭与学校之间的沟通,其最终目的是促进学校教育的顺利实施和提高学生的学习成绩。同时,这一时期的家校合作形式也较为单一,内容比较简单,主要包括家长学校、家长会、家访等,双方的合作深度非常有限,家校合作较多地流于形式,停留在较低层次。

二、家校社共育推进期:1978—1998 年

改革开放后,我国建设重点转移,教育事业的发展受到空前重视。家校社合作发展迈入党和国家主导推进的阶段。相比前一阶段,实施家校合作的力度明显增强,同时,家校合作也被扩展为家校社结合,社会教育的重要性也开始被人们所认识。1988 年,中共中央颁布了《中共中央关于改革和加强中小学德育工作的通知》,其中指出:"关心和保护中小学生健康成长,不但是教育部门和学校的职责,而且是全社会的责任和义务。要把社会教育、家庭教育与学校教育密切地结合起来,形成全社会关心中小学生健康成长的舆论和风气。"1989 年,国家教委发布了《关于进一步加强中小学德育工作的几点意见》,强调:"教育行政部门和学校要主动争取家庭、社会各方面的支持和配合,在实践中探索三结合教育的形式和方法。"许多学校响应国家政策的号召,开始在实践中探索学校、家庭和社会三结合的形式与方法。

中共中央、国务院在 1992 年颁布了《九十年代中国儿童发展规划纲要》,规定要使我国 90％的 14 岁以下儿童的父母基本掌握儿童保育、教

育方面的知识,要求发展社区教育,结合学校教育、家庭教育和社区教育,为儿童创造一个有利的发展环境。在社区建立各种家长学校,定期给广大家长传授科学的家庭教育知识;在农村建立广播父母学校、家庭教育辅导站与乡村家长学校等组织,向广大农村家长推广教育方法,并利用各种媒体对广大家庭进行教育宣传、咨询和服务等。这一规划对我国家校社合作的发展具有重大意义,将家校社合作的基本形式从国家政策的层面确定下来,促进我国家校社合作向纵深发展。而 1995 年颁布的《中华人民共和国教育法》的第六章第 46 条提出,国家支持企事业单位、社会团体和个人通过一定的形式参与学校建设和管理。这又从法律层面赋予了家庭和社会参与学校建设与管理的权利。但第 49 条中指出,当学校或其他教育机构对其子女进行教育时,家长有配合学校或其他机构的义务。从中可以看出,家长在参与学校教育的过程中担任的是一个辅助配合的角色,角色定位比较保守,家校社合作也不够深入。

三、家校社共育规范期:1999—2012 年

为了培养新世纪所需的社会主义新人,推进素质教育的发展,家校社共育必须走向规范化和制度化,以发挥更好的育人实效。2001 年,中华人民共和国教育部发布的《全国教育事业第十个五年计划》提出要"建立健全学校、社区和家庭相互沟通、协调配合的制度,形成共同促进青少年健康成长的良性机制"。2004 年,中共中央、国务院颁布《中共中央国务院关于进一步加强和改进未成年人思想道德建设的若干意见》,强调了学校教育与家庭教育、社会教育相结合的意义与作用,指出"学校教育中重智育轻德育、重课堂教学轻社会实践的现象依然存在,推进素质教育的任务艰巨",规定由教育行政部门、各个中小学以及各级妇联组织共同指导和推进家庭教育。同时,还提出要建立家庭、学校和社会相结合的未成年人思想道德教育体系,组织城市社区、农村乡镇和村民委员会

以及其他基层组织承担起未成年人思想道德教育的责任,整合一切活动场所,利用各种教育资源,开展各种思想教育活动,将未成年人思想道德的引导工作落实到基层。2012年,《国家教育事业发展第十二个五年规划》也明确提出探索"协同育人的机制建设"。在国家政策的引领下,家校社共育的制度逐渐完善和规范。

在这一阶段,虽然肯定了家庭和社会在青少年教育过程中的重要作用,但更多的是强调学校指导和推进家庭教育、社会教育的责任。此时的家校社合作仍是有限制的合作,家庭和社会还是被隔离在学校之外,以"局外人"的身份参与学校教育,对学校内部管理与决策不具备发言权。

四、家校社共育的战略发展期:2013年至今

党的十八大以来,在"立德树人"教育目标引领下和推进教育治理现代化的过程中,家校社共育得到了党和国家的高度重视,成为教育事业发展的战略举措。随着"培养什么人"的问题进一步澄清,家校社共育的意义与价值被提升到新高度。2017年,国务院印发的《国家教育事业发展"十三五"规划》首次从"全面落实立德树人"的角度提出"全员育人、全过程育人、全方位育人",即要发挥学校、家庭、社会各自的优势,凝聚起强大的育人合力,家校社合作成为实现立德树人根本任务的关键路径。

党的二十大报告指出,"健全学校家庭社会育人机制"。2023年1月,教育部等十三个部门联合印发《关于健全学校家庭社会协同育人机制的意见》(以下简称《意见》),提出"坚持育人为本、坚持政府统筹、坚持协同共育、坚持问题导向"四项工作原则,到"十四五"时期末,政府对协同育人工作的统筹领导更加有力,制度体系基本建立健全。学校积极主导、家庭主动尽责、社会有效支持的协同育人机制更加完善,促进学生全面发展、健康成长的良好氛围更加浓厚。到2035年,形成定位清晰、机

制健全、联动紧密、科学高效的学校家庭社会协同育人机制。

《意见》还明确了学校家庭社会在协同育人中的各自职责定位及相互协调机制，并要求加强组织领导，将构建学校家庭社会协同育人机制作为重大政治任务，强化党委领导、政府统筹，积极推动健全学校家庭社会密切协同的育人机制。要强化专业支撑，推动有关高等院校、科研机构、专业团体开展协同育人理论与实践研究，加强理论建设与专业人才培养。要营造良好氛围，深入宣传协同育人的政策举措、实际成效和典型案例，广泛传播科学的教育理念和正确的家庭教育方法，大力营造全社会各方面关心、支持协同育人的良好氛围。

正如《中国教育现代化 2035》所言："推进教育治理体系和治理能力现代化，要提高学校自主管理能力，完善学校治理结构，推动社会参与教育治理常态化。"在党的十九大以后，家校社合作在我国进入战略发展时期，在今后相当长一段时间内将得到长足的发展。

第三节 校本探索

上海市金卫中学(以下简称金卫中学)创建于 1958 年,地处东海之滨——金山区金山卫镇,是一所公办初级中学。学校先后被评为上海市心理健康教育达标校、国家级青春俱乐部、环境人口与可持续发展教育(EPD)项目成员学校、上海市安全文明校园、上海市绿色学校、上海市优秀家长学校、上海市家庭教育示范校、全国国防教育示范校、上海市海洋教育意识教育基地。学校生源主要来自公办随迁子女小学、就近公办小学,家长受教育程度普遍较低,家庭教育方式较为单一。根据学生及其家庭特点,学校因材施教,开展了个别化的家庭教育指导,促进孩子健康成长。

一、家校社共育的整体规划

在工作中,为了贯彻落实《中华人民共和国家庭教育促进法》,金卫中学以《国家中长期教育改革和发展规划纲要》《教育部关于加强家庭教育工作的指导意见》等文件精神为指导,高度重视家庭教育指导工作,把家庭教育工作写入学校章程(学校章程第 7 章),明确规定了家长对学校办学活动和管理行为的知情权、参与权、建议权和监督权,保障家长权益。同时,将家庭教育纳入《绿色立校,特色强校——上海市金卫中学"十四五"发展规划(2021—2025 年)》中,规划中明确了五年内依托区域平台提升班主任家庭教育辅导能力,调动多方资源,以建立学校、家庭、社会"三位一体"的育人共同体为目标,依托社会资源进行有效整合,全面推行全员导师制,提升家长的家庭教育素养。在"十四五"发展规划中,学校始终将家庭教育工作列为重点工作内容之一,推进"幸福 e 家"

家长学校的有序开展和家庭教育校本课程的实施,实行双向预约制。

同时,学校还先后制定和完善了《上海市金卫中学家长委员会章程》《上海市金卫中学家长委员会工作制度》《上海市金卫中学班主任家访制度》等规章制度,从而最大限度地发挥家校社合力共育的育人功能,确保了学校家庭社会教育工作规范、有序地开展。

二、家校社共育的工作机制

(一) 家校社共育工作领导小组

为保障家校社共育工作的正常开展,金卫中学成立了由书记、校长任组长的金卫中学家校社共育工作领导小组,下辖政教处、教导处、党政办、信息中心和总务处等部门。同时,学校还协同家委会与社区及其他共建单位组成家庭教育工作梯队,积极培养家庭教育核心骨干教师,健全家校社共育工作机制。骨干团队明确自己的职责,在每学期至少三次的专项工作研讨会议上定期进行总结、反思。

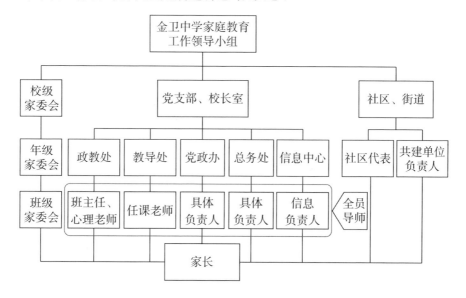

图 1-1 家校社共育工作领导小组组织架构

表 1-1 家校社共育工作领导小组职能分工

		职能
学校	书记、校长	制定家庭教育工作规划,监督三类课程开发,传达《中华人民共和国家庭教育促进法》等相关政策,制定家庭教育激励措施。
	主管领导	安排家庭教育工作,统筹校本课程内容,进行工作考核,开设各类讲座。
	政教处	落实学校家庭教育日常工作,统计社区评价数据,收集家长和社区的需求,组织共建单位相关活动,接受预约并安排个别辅导。
	教导处	培训家庭教育师资队伍,落实"幸福 e 家"家长学校校本课程开发。
	党政办	做好家庭教育公众号的推送、资料的收集和存档。
	总务处	保障各项活动顺利开展,做好后勤服务工作。
	信息中心	培训信息技能,进行家庭教育问卷调查和家长满意度的数据采集和分析。
家委会		1. 积极参与学校的管理工作,听取孩子、家长和社会各方的意见,并把信息反馈给校行政部门,供校领导决策。 2. 参加学校重大活动,在条件允许下为学校开展活动提供支持和帮助。 3. 协助学校做好全体家长的家庭教育指导工作,提升家长家庭教育素养,形成良好家风,为子女成长创设一个良好的环境,组织优秀家长开展家庭教育经验交流活动。 4. 由家委会主任牵头联系各级家委会开展工作。
社区		利用多种资源,积极协助学校开展家庭教育指导服务。

此外,金卫中学还将全员导师制融入家校社共育工作,积极动员和组织教师参加各级各类教师素养、心理教育及家庭教育的线上线下培训。学校对导师的家访量和家教指导工作进行考核,对家庭教育工作考核优秀的教师给予奖励津贴。同时,还组织开展家庭教育案例撰写及评选工作,对优秀教师进行奖励和表彰。学校整合一切资源,以学校教育为主体、家庭教育为基础、社会教育为延伸,充分发挥校内外德育基地的

作用。实施多管齐下共同教育方法,共同关注、开展家庭教育指导,建立了"家—校—社"三位一体的家庭教育协调共建机制。

(二)家长委员会

金卫中学已形成了三级家长委员会,积极发挥家委会沟通、服务、监督、参与、管理等五个作用,促进家校沟通和联动。在家长自愿的原则下,由家长自荐后进行民主选举,形成班级家委会。在此基础上,由家长自荐、班主任推荐,班级家委会成员民主选举形成年级家委会。再由年级组长推荐,年级家委会成员民主选举形成校级家委会。

各级家委会每学期召开 2~4 次会议,做好会议记录。各级家委会每年为一届,其间可根据情况进行增减委员。在各级家委会会议上,充分运作家委会的工作机制。家委会成员参与对学校管理,参与对学校开学收费情况、学生午餐质量的监督及师生运动会保障等工作;对学校的办学方向、教育质量、教师工作、行政管理等方面提出建设性意见,做出适当的评价,实行必要的监督。

此外,学校充分发挥家委会的桥梁纽带作用,多渠道听取家长意见,从家长教育需求出发,向家长推荐《最温柔的教养》《非暴力沟通》《陪孩子走过初中三年》等读本,并在班级微信群中发一些经典教育案例和家庭教育指导资料,指导和帮助家长树立正确的家庭教育思想和观念,掌握家庭教育的科学知识,提高家长自身的素质和修养。每年开学初,召开一次家委会工作指导会议,为家委会的建立与运转提供条件和有力保障。家委会在日常工作中,需维护好班级微信群和钉钉群,让家长的诉求能及时得到反馈,并做好记录和存档。

三、家校社共育活动

(一)家校社互动

金卫中学每年都会结合学校活动开展不同形式的"家—校—社"主

题活动,让家长和社会都能参与其中,共谋发展。例如,在"校园开放日"活动中,家长们有机会听课;在社会实践活动中,家长们被鼓励参与;在元旦文艺会演和运动会期间,家长们的掌声格外响亮;在家长会上,家长们能够表达自己的心声;在初三的毕业典礼上,家长们则送上他们的祝福。同时,学校还与周边检察院、出入境检查站、金山卫镇派出所、上海海事大学、对口居委会、对口小学等单位紧密配合,聘请一些校外辅导员共同开展家庭教育指导活动。通过走出去和请进来两种方式,对金山卫镇各社区和村定期开设各类讲座,为他们提供专业的育儿知识和技能。

为加强家校社互动,学校还开通了全方位的沟通渠道,以便与家长进行有效沟通。学校公众号定期发布学校工作和家庭教育指导的相关文章;教师认真落实家访制度,做到对新生入学前的暑假家访率达到100%,对七、八、九年级学生每年家访率达到100%,特殊学生按实际需求进行家访,有时甚至由校长亲自登门拜访。通过家长会、校园开放日等渠道下发家长问卷,让家长对学校发展和学生成长提出意见和建议,学校对于家长的意见和建议均能给予详细及时的反馈。在这些举措的正面引导和宣传展示下,家长能对学校工作更快、更好地知情、理解、参与、支持和监督。

(二)"相约星期五"

教师在新生家访时了解到,家长迫切需要学校给予他们一些家庭教育方面的指导。因此,学校给家庭教育活动安排了一个固定的时间:周五下午4:30—5:30,称之为"相约星期五"。通过"相约星期五",学校会在固定时间、固定地点对家长开展针对性的个别化辅导。

1. 调研问题,了解需求,制定"一类一案""一家一案"的家庭教育指导菜单

每学年伊始,学校都会对新生家长进行家庭教育现状的问卷调查,旨在了解家庭教育的实际情况,发现家庭教育中所遇到的问题,从而促

进家庭教育工作的开展。以 2021 学年为例,我们向六年级 200 余名新生家长发放了"家庭教育现状调查问卷",问卷的回收率达到了 94%。

通过问卷调查,我们发现家庭教育中存在众多问题。例如,简单且粗暴的家庭教育方式仍然普遍存在;家长缺乏家庭教育相关的专业培训,对孩子养成良好习惯的方法了解不足;孩子的自理能力较弱;孩子自我中心意识强;父母为孩子安排一切,过度宠爱,导致孩子依赖性强,动手能力差,不能和他人友好交往;孩子追求享乐,缺乏吃苦的精神。

为了有效地帮助家长解决相关问题,学校家庭教育骨干团队制定了一系列方案,向有需求的家长提供菜单式服务。通过分年级、分阶段及分类型,为家长提供个性化的指导讲座菜单(部分内容为校本专题课程),允许家长根据自身需求进行选择,实现"一类一案"的服务模式。此外,家长还可以通过"钉钉"平台进行单独预约。根据他们填写的具体需求,学校为家长提供个别化辅导并制定方案,以实现"一家一案"的服务目标。

2. 双向预约制度,做到"一家一案"

(1) 线上平台——家长约老师

学校在开学初告知家长,每月第一周的星期五为我校"幸福 e 家"家长开放日,并让家长知道每次辅导的主题内容和可参与人数,然后由家长自行选择并在"钉钉"平台上进行预约。根据预约情况,学校会安排辅导老师对家长进行一对一的辅导。

同时,在每周五下午,学校进行家庭教育指导,需要家长提前通过"钉钉"平台预约,并明确写出自己的需求。我们会根据家长的需求,安排辅导老师或志愿者老师为他们提供帮助。在此过程中,我们本着"热情坦诚、真心交流、守信保密"的原则,针对家长的特别需求,采用"一家一案"的方式,实施一对一、面对面的辅导。并且,针对家长提出的个性化问题,我们也会提出具体的解决方法和良好的建议。

从预约通道我们发现，留守儿童家庭、单亲家庭、重组家庭以及由祖父母照顾孩子的家庭面临的问题较多，其需求也最为迫切。通过预约制度，我们已经帮助近 50 名家长解决了他们的困惑。因此，该活动受到家长们的广泛欢迎。

（2）导师服务——老师约家长

① 全员导师约家长。根据孩子的实际情况，当导师感到有必要与家长进行面谈时，会主动联系家长，并预约具体的时间以便会面。面谈的地点可以是学校，也可以是孩子家里。在寒暑假期间，导师基本都会选择上门家访，对家长进行面对面的指导。例如，当孩子表现出拖延行为，而家长不知道如何有效地与孩子沟通时，导师会利用个性化辅导课程"家庭教育的 36 计"中的技巧，手把手地教家长一些有效的沟通方法，帮助他们更清晰地了解如何与孩子交流。同样，当孩子对学习感到乏味时，导师也会指导家长与孩子进行沟通，让孩子重拾学习的兴趣。通过"一家一案"的个别化辅导，导师能够帮助家长更快地解决问题，共同促进孩子的发展。

② 核心团队老师约家长。针对一些特殊案例，我们会让核心团队的专业老师主动约请家长，以帮助他们解决一些"疑难杂症"。例如，有一个孩子的行为十分古怪，班主任感觉这个孩子在精神方面可能出现了问题，因此便约请家长来校，指导他们在家与孩子相处时应注意的事项，并建议他们及时前往医院就诊；另一位学生的父母有家庭暴力行为，得知此事后，校长和分管德育工作的老师立即联系了该生的父母，并邀请金山卫镇的驻地民警一同来妥善地处理了此事。

第二章 家校社共育的校本理解

第一节 家校社共育的理念诠释

一、家校社三者在家校社共育中的关系

（一）家庭教育、学校教育和社会教育的内涵

1. 家庭教育

家庭教育是大教育的组成部分之一，是学校教育与社会教育的基础。在孩子出生时，甚至在胎儿期时，家庭教育就已经开始了，如我们常说的胎教。家庭教育本质应是生活教育，其特征和属性决定了其不能脱离生活，要以促进孩子的个性发展、道德形塑、人格完善为目标。在孩子进入社会接受集体教育之前，家庭教育需要保证孩子身心健康地发展，为他们接受幼儿园和学校的教育打好基础。著名心理学专家郝滨曾说过："家庭教育是人生整个教育的基础和起点。"

我们需要重视的是，在家庭结构小型化的当下，不少家长带有明显的功利主义倾向，只关注孩子学业成绩的好坏，不重视对孩子品德和良好习惯的培养，对家庭教育的理解和实践还未脱离"学业中心主义"。还

有一些家长把家庭教育看作是学校教育的附庸,成为学校老师的"助教",没有看到家庭教育难以被学校教育和社会教育取代的特殊功能。

家庭是儿童生命的摇篮,是人出生后接受教育的第一个场所,即人生的第一个课堂;家长是儿童的第一任教师,即启蒙之师。我国有句古谚:"染于苍则苍,染于黄则黄。"幼儿期是人生熏陶渐染化的开始,人的许多基本能力都是这个年龄阶段形成的,如语言表达、基本动作以及某些生活习惯等。同时,人的性格也在这一阶段逐步形成。美国心理学家布鲁姆认为,一个人的智力发展如果把他本人 17 岁达到的水平算作100％,那么 4 岁时就达到了 50％,4—8 岁又增加了 30％,8—17 岁又获得了 20％。古往今来,许多仁人志士、卓有成就的名人在幼年时期受到的良好家庭教育,就是他们日后成才的一个重要原因。

2. 学校教育

学校教育是由专业人员承担,在专门的机构,进行目的明确、组织严密、系统完善、计划性强的以影响学生身心发展为直接目标的社会实践活动。自产生时起,就有别于社会教育和家庭教育,具有自己的特点。

(1)职能的专门性

学校教育的职能是培养人,而学校是专门教育人的场所。同社会教育、家庭教育相比,学校教育的不同之处首先便是专门性,主要表现在任务的专一。学校教育唯一的使命就是培养人,无论是经过严格选拔、受过专业训练的教育者——教师,还是专门的教育教学设备,都是为培养人服务的,这一切都充分保证了学校教育的有效性。

(2)组织的严密性

学校教育是一种制度化的教育,具有严密的组织结构和制度。从宏观上讲,学校拥有多级多类、形式多样的体系结构;从微观上看,学校内部不仅设有专门的领导岗位,而且还有负责思想、政治、教学、总务后勤、文体活动等工作的专门组织机构,以及一系列严格的教育和教学制度。

这些都是社会教育和家庭教育所不具备的特点。

（3）作用的全面性

学校教育对人的发展具有全面的促进作用，是全面培养人的活动，不仅要关注教育对象知识和智力的增长，还要注重其思想品德的形成，以及受教育者的身体健康。而社会教育和家庭教育对人的成长影响多少都带有一定的偶然性，影响的范围也往往只侧重在某些方面。因此，培养和塑造全面发展的社会人是学校教育的特有职责，这一职责也只有学校教育才能承担起来。

（4）内容的系统性

学校教育的内容特别注重内在连续性和系统性，既注意知识体系，又要符合认识规律，以适应培养造就全面完整社会人的需要。而家庭教育在教育内容上一般具有片断性。即使是有计划性的社会教育，也往往是阶段性的，其知识总体也呈现出片断性。

（5）形式的稳定性

学校教育有稳定的教育场所、稳定的教育者、稳定的教育对象、稳定的教育内容，以及稳定的教育秩序。这种稳定性更有利于个人的发展。当然，稳定是相对而言的，并不是僵化的稳定，需要有相应的改革变化。如果把相对稳定看作是墨守成规、僵死不变，那就必然要走向反面。

总之，学校教育具有其他教育形态所不具备的独特特点，这些特点保证了学校教育的高度有效性，使它在各种教育形态中占据主导地位。

3. 社会教育

广义的社会教育和我们所说的广义的教育在含义上几乎无异。事实上，教育史上最早的教育职能就是通过社会教育来实现的。在原始社会，家庭尚未形成之前，年轻一代的教育是在全氏族成员的共同劳动中，在日常社会生活中，由氏族公社的成员通过互相的言传身教，或由有经验的年长者向年轻一代传授一些简单的生产和生活的经验的方式进行的。如有巢氏教民穴处巢居,燧人氏教民钻木取火,伏羲氏教民渔猎,神农氏教民稼穑,这可以看作是中国原始的社会教育。后来,随着家庭及家庭教育的出现,直至学校教育的产生,广义的社会教育开始逐步地分化为三种独立的教育形态,即学校教育、家庭教育和狭义的社会教育。

社会教育是一种活的教育,它的深刻性、丰富性、独立性、形象性远非学校教育可比。协调社会教育力量,可以培养学生积极参加社会活动的能力,从而将分散的、自发的社会影响纳入正轨。尽管在整个教育体系中,社会教育还处于辅助和补偿地位,但越来越显示出了其不可替代的作用。良好的社会教育有利于对学生进行思想品德教育,有利于学生增长知识、发展能力,有利于丰富学生的精神生活,有利于发展学生的兴趣、爱好和特长。青少年都有自己的兴趣和爱好,若能及早得到培养,则有助于形成特长,从而使其表现出某一方面的才能,这无疑会加速学生的和谐发展。

(二)家校社三者在家校社共育中的关系

家庭、学校、社会不是教育"孤岛",而是彼此联系、相互补充的"环岛"。在家校社协同育人中,学校、家庭和社会都是平等的育人主体,但各有侧重。学校要积极主导,家庭要主动尽责,社会要有效支持。三者共同承担育人责任,各有边界、相互独立、分工不同。

1. 学校教育是主导

学校是教育的主阵地,承载着为国家和社会培养人才的重大责任。在家校社协同育人中,学校教育必须发挥好主导作用。同时,作为教育的专门和权威机构,学校在协调家校社关系、推进协同育人方面具有天然优势和不可替代的作用。因此,在家校社协同育人的过程中,学校要利用和创新各种方法加强家校社沟通。除了传统的家校社沟通模式,学校还可以结合信息时代的特点,采取各种线上线下的方式,创新更多的沟通渠道,打造家校社共育课程,为家校社共育建立一个支点。此外,学校还应注重教师协同育人能力的培养,提升教师的家校社合作能力与家庭教育指导能力,让教师真正看到自身在家校社协同育人中的重要作用。教师应做到三个理解:一是要理解什么是教育。教育不仅仅是向孩子传授知识,更重要的是培养一个身心健康、全面发展的个体。二是要理解孩子。孩子在成长过程中会遇到各种问题和困惑,但正是因为有问题的存在,教育才有价值。三是要理解家长。家长也会遇到各种教育方面的困惑,需要得到学校和社会的帮助。

2. 家庭教育是基础

习近平总书记在全国教育大会上指出,家庭是人生的第一所学校,家长是孩子的第一任老师,要给孩子讲好"人生第一课",帮助扣好人生第一粒扣子。家庭教育发于蒙童,启于稚幼,是孩子性格养成、品行端正的根基。在家校社协同育人过程中,家庭必须要主动尽责,不能将教育"外包"了之。一方面,要强化家庭是第一个课堂、家长是第一任老师的责任意识,树立科学的家庭教育观念,切实提升家庭教育水平。另一方面,家长要主动协同学校教育和社会教育,积极参加学校组织的家庭教育指导和家校互动活动,充分利用社会实践大课堂的育人功能引导子女体验社会,促进家庭教育主体责任履行到位。

科学的家庭教育并非简单地强调功课,而是注重培养孩子的全面素养。在家庭教育中,我们应当注重启发孩子的思维能力,培养其创造力和团队协作能力。通过亲子互动,引导孩子主动探索世界,激发其学习的兴趣和动力。只有通过科学的教育方法,才能更好地促使孩子的个性得到充分发展,从而使其更好地适应社会的发展和变革。

3. 社会教育是依托

社会教育作为全面育人的关键支持系统,不仅为孩子提供实践担当的重要教育场景,更是孩子成长过程中不可或缺的一部分。社会环境的文明水平和发展状况,直接塑造着孩子们的认知、价值观和未来发展方向。在这个背景下,家校社协同育人势在必行,而完善社会家庭教育服务体系成为推动这一目标的关键一环。因此,在家校社协同育人的过程中,我们要完善社会家庭教育服务体系,推进文化、体育、科技等各类社会资源开放共享,充分利用社会育人资源。

此外,社会育人环境的净化也尤为重要。我们需要通过多层次、多角度的宣传,传递科学的教育理念,引导社会各界关注并积极参与家校社协同育人的过程。在国内,我们可以借鉴一些成功的社会育人项目,如在社区开展主题教育活动、推动志愿服务等,促使社会各界更加关心并积极参与学生的成长。通过这些努力,营造一个积极向上、充满爱心的社会育人氛围,让每一个孩子都能够感受到社会的关怀和支持。

在全球化的今天,国际社会教育的发展也为我们提供了丰富的借鉴资源。通过与国际接轨,我们可以学习并吸收其他国家的成功经验,进而促进我国社会教育的全面提升。以新加坡为例,其教育体系特别注重实践导向,鼓励学生将所学知识应用于实际生活中。新加坡实施的"思维技能教育"着重于培养学生的创造性思维、问题解决能力和团队协作能力。通过理论与实践的结合,鼓励学生更深刻地理解并应对现实生活中的挑战。再比如挪威,其职业教育不同于传统的、重视理论学科的教育,更加注重培养实际操作技能。学生在校学习的同时,还能在企业中进行实习,这一做法促使学生更早地接触到实际的工作环境,从而提升他们的职业素养。

二、家校社共育中的协同育人理念

随着社会的发展,人们发现仅凭学校教育已无法满足现代社会的育人需求。在新时代,家校社协同育人受到前所未有的重视,国家的"十四五"规划更是明确提出了"健全学校家庭社会协同育人机制"。协同教育理论强调家校社三方在孩子的成长和成才过程中,都具有不可替代的地位。家庭教育、学校教育、社会教育应互为补充,共同作用,相互促进学生的健康成长与发展。但在具体的实践过程中,家校社协同育人存在各自为政、沟通合作不顺畅等问题。造成这些问题的一个重要原因就是家校社协同育人理念没有被很好地确立下来。理念是上升到理性高度的观念,是推动和指导人们行为的内生力量。

要想实现家校社的有效协同,首先,家校社三方需要确立共同的教育价值观。毋庸讳言,当前,我国家庭、学校和社会的教育价值观有些背离了以人为本、促进人的全面发展这一理念的倾向,表现出较为严重的功利化教育价值取向。学校的教育价值取向主要是提高升学率,家庭的教育价值取向主要是让子女上好学校和取得高学历,社会上各种培训班的价值取向则是为了获得利益。这种价值取向的分裂使得家庭、学校和社会在育人这一问题上出现了矛盾,三者不能形成合力。因此,家校社协同育人必须要确立促进人的全面发展的教育价值观,把行动都统一到"培养合格的社会主义建设者和接班人"这一育人目标上来,形成三维立体、全方位育人的格局。

其次,要明确家校社协同育人的必要性。家校社三者要认识到协同育人是培养全面发展的人的必然要求,即使我们如今处在信息时代,社会飞速发展,资源获取的途径变得多元,也没有一个组织能拥有让所有人都能得到全面发展的全部资源。因此,只有联合学校、家庭和社会的力量,集合人类的智慧、知识与各种教育资源,建立大教育体系,取长补短,才能有效地整合教育资源,扩大教育面,实现"五育"并举,促进所有人的发展。

最后,要深入理解和领会新形势下,家校社协同育人的特点。家校社三者应充分认识到,在新形势下,家校社协同育人的对象已不再局限于儿童及青少年,而是扩展到所有社会成员及所有年龄段的人。家校社协同育人的目标是要回归立德树人的教育初心。协同育人的方式在现代化大生产带来的大教育时代也不再是无序或零星的合作，而是要进行有计划、有组织的协同。

三、家校社共育中的交叠影响域理论

交叠影响域理论最初形成于 20 世纪 80 年代的美国。布迪厄提出了"社会资本理论"，该理论随后被科尔曼应用于教育领域。科尔曼认为，家庭和社会团体都能够创造出服务于教育的社会资本。美国霍普金斯大学教授爱普斯坦则将研究重点放在学校、家庭、社区三者间的关系上，提出了以"关爱"为核心，建立三者间新的伙伴关系的交叠影响域理论。该理论克服了布伦纳等人提出的"生态系统理论"中对社会组织的忽视，同时弥补了社会资本理论的不足，并在此基础上进行了完善与扩展，既体现对个体的重视，又不忽视社区力量。

交叠影响域理论认为学校、家庭和社区会在学生的发展过程中既可能发挥单独影响，也可能两两交叠施加影响，更可能三者共同交织在一起发挥作用。同时，它还认为学生的学习和成长是置身于学校、家庭、社区这三个背景下的，因此，学生才应是这个理论的中心。无论要建立怎样的合作伙伴关系，都要以促进学生的全面发展为导向，让其感受到"关爱"的氛围，从而自主地进行学习，实现成功。这与我们"以生为本"的理念不谋而合。

在传统的教育观念中，学校被视为教育的第一责任人。尽管我们现在发现了这一观点的弊端，并提出了家校社协同育人的概念，但在实践过程中，家校社协同育人并没有发挥出最大的效果，家庭教育和社会教育的地位往往被忽视。交叠影响域理论则可以克服这种不足，它将促进学生全面发展作为目标，建立学校、家庭、社区的伙伴关系，强调学校、家庭、社区间通过自身的影响力和交叠产生的合力，共同促进学生的发展。

第二节 家校社共育的模式特征

一、育人主体:由学校独立主体变为家校社协同育人

在学校产生之前,家庭教育和社会教育几乎涵盖了所有的教育内容,教育与生产劳动及社会生活完全融合在一起。然而,随着社会生产力的发展,家庭教育和社会教育逐渐显得力不从心,不能满足社会对更为精细、专门、系统化的教育需求。于是,学校应运而生,作为一种专业化的教育组织形式,逐渐取代了原本由家庭和社会承担的教育职责。学校教育获得了专业性权威,全面掌握了教育话语权。家庭教育在子女教育中的主体地位逐渐削弱,而社会教育也未能摆脱学校教育的束缚,两者逐渐从教育场域中抽离,变得边缘化、依附化。在这一过程中,学校的独立主体地位逐渐夯实,家庭、学校、社会三者的教育功能和职责发生了分离与割裂。

然而,学校取代家庭和社会成为独立教育主体的模式也引发了一系列问题。单一依赖学校教育作为唯一的主体,在育人功能和价值认同上存在明显不足。因此,人们开始呼吁家校社协同育人。家校社协同育人强调家庭、学校和社会在育人过程中是平等的主体,各自发挥主体作用,打破了学校的独立主体地位。这一模式逐渐改变了家庭教育和社会教育作为学校教育附庸存在的现状,不断增强了家庭和社会在育人中的主体性。

家校社协同育人意味着家庭、学校和社会形成一体,相互协同合作,共同承担育人责任。在这种模式下,家庭不再是被动接受学校的辅助,而是积极参与教育决策、规划和实施。社会教育也不再仅仅是学校的延

伸,而是在育人中发挥更为独立和有力的作用。这种转变不仅拓宽了教育的视野,更使得学校、家庭和社会能够共同为培养全面发展的个体而努力。

二、育人目标:从工具性回归教育的初心

教育在发展过程中,逐渐偏离了立德树人的初心,演变成以提升学生的学习成绩为重。将提高考试成绩与升学率作为教育的目标,这显然不符合促进人全面发展的教育理念。在教育发展的新形势下,家校社协同育人的目标从工具性转向回归教育的初心是对教育本质的深刻把握。工具化的教育目标虽然能带来教育的表面繁荣,却不能使教育处于真正的发展之中,同时也妨碍了教育目的的实现与教育完整意义的展开,偏离了教育本质。只有将目标回归到立德树人,才能引领教育摆脱工具主义的掣肘,不再将提升考试成绩与升学率作为追求的目标,从而使家庭、学校、社会能共同关注人作为生命的发展,看到教育的本真意义。

在当前全球化和科技飞速发展的时代,教育面临着更加复杂和多元的挑战。传统的以考试成绩为导向的教育目标越发显得狭隘,不能满足社会对人才的全面要求。因此,家校社协同育人需要聚焦于培养学生的综合素养,包括批判性思维、创造力、团队协作等多方面的能力,这种全面发展的目标才能更好地满足当今社会对个体的期望。

此外,家校社协同育人还应注重培养学生的社会责任感和公民意识。在家庭、学校和社会的共同努力下,学生应该被引导认识到他们是社会的一部分,有责任为社会的发展和繁荣做出积极的贡献。这不仅涉及个体的品德养成,更关乎社会的可持续发展和和谐稳定。因此,家校社协同育人的目标必须超越狭隘的个人发展,更要着眼于培养具备社会责任感和公民素养的新一代。

"家校社协同育人"这一概念本身就突显了"育人"的特质,强调的正

是教育的真正目标。家校社协同育人工作成效的根本标准绝不应该仅仅是学生学习成绩的提升,而应该以其在促进个体的发展、实现立德树人目标上的成效作为评判标准。这种转变是为了更好地理解和体现教育的本质,即培养全面发展的个体,引导他们成为有道德、有智慧、有创造力的社会成员。这也是真正从根本上服务于社会、推动人类进步的教育目标。

三、育人方式:从无序合作转向有序协调

在过去的教育实践中,我国的家校社合作常常是无序而零散的,缺乏系统性和长期性。然而,随着时代的变迁和社会的进步,越来越多的法律法规和政策文件开始规范和引导家庭、学校及社会之间的关系,家校社协同育人的理念在新形势下逐渐崭露头角。这要求各方要从无序的合作模式转向有序的协调一致。在《中华人民共和国家庭教育促进法》《"十四五"规划和 2035 年远景目标纲要》及"双减"政策等文件中,规定了要明确家校社协同责任、健全家校社协同育人机制,为家校社协同育人走向有序协调提供了明确的政策和法律依据。

有序协调的家校社协同育人机制需要建立在明确的责任分工基础上。在这一机制中,各方的责任不再模糊,而是做了详细规划和明确定位。学校要明确教育目标,制订相应的教育计划,为学生提供良好的学习环境;家庭要积极参与学生的学习和生活,提供良好的家庭教育;社会要提供专业支持和资源,为学校和家庭提供必要的协助。这样的协同机制使得每个育人主体都能够在各自的领域内发挥专业优势,实现优势互补,形成整体的协同效应。

在这个有序的协调机制下,各方之间的沟通与合作将更加紧密。学校、家庭和社会之间可以通过定期的会议、沟通平台以及信息共享,建立起更为高效的信息传递渠道。这种高效的协调方式有助于迅速发现和

解决学生在学业、情感、心理等方面的问题，全方位促进学生的全面发展。

同时，随着时代的发展，家庭教育和社会教育也在走向专业化，育人能力逐步提升，使家校社之间的沟通更加准确与高效，合作更加有序与协调。例如，《中华人民共和国家庭教育促进法》要求"县级以上地方人民政府及有关部门组织建立家庭教育指导服务专业队伍，加强对专业人员的培养"，其目的就是要帮助家庭成员提高其家庭教育的专业理论与专业技能，促进家庭教育从伦理自觉的业余教育走向专业化教育。

四、育人重心:从只注重儿童及青少年教育转向注重终身教育

当前家校社共育的重心正从只注重儿童及青少年教育转向注重终身教育，这是由现代家庭教育、学校教育和社会教育都是终身教育体系的重要组成部分，都具有终身性的特点决定的。其实质就是要家校社各方协同开展教育活动，对人的终身发展产生教育影响。

现代家庭教育的重心正在从阶段性教育走向终身教育。《辞海》对"家庭教育"的解释为"父母或其他年长者在家庭中对儿童和青少年进行的教育……有时也指年轻一代在家庭中对年长一代施加的教育影响"。从中我们可以看出，家庭教育虽然还是被认为以对儿童及青少年的教育为主，但同时也突破了这种前喻文化支配下的单向度的家庭教育观念，确立了代际学习理念。在代际学习理念下，于子女而言，父母及长辈给予的教育既是基础教育，又是终身教育;于父母及长辈而言，子女对其施加的影响就属于父母长辈所受的终身教育。因此，家庭教育"不再局限于人生的某个阶段，而是贯穿了人从出生至死一辈子的过程"。

学校教育自20世纪60年代终身教育理念产生以来，就承担了开展终身教育的责任，不仅要对在校的儿童及青少年学生进行教育，还要对社会各年龄层次的人开展教育，成为终身教育中一个重要的组成部分。

而现代学校逐渐认识到,教育不仅仅是为了迎合考试和升学,更是为了培养具备终身学习能力的个体。因此,学校开始开设面向各年龄层次的社会群体的继续教育课程,包括职业培训、成人教育等,以满足社会对多层次、全方位知识的需求。

社会教育则是现代终身教育的一个关键组成部分。随着社会的不断发展和知识的爆炸性增长,人们对不断学习的需求日益增强。社会教育通过提供各种形式的培训、讲座、研讨等活动,使成年人能够不断更新知识、提升技能,适应社会变革和职业发展的需要。在这一过程中,社会教育与家庭教育、学校教育共同构成了终身教育的有机整体。

新时代背景下,中国不仅需要培养人才,更需要培养具有终身学习能力的市民。因此,家校社共育正朝着更加全面、全龄段的终身教育目标迈进。这种变革不仅需要制度层面的支持,更需要家庭、学校和社会各方的积极参与。只有通过家校社三方的协同努力,共同关注个体的全面成长,才能真正实现终身教育目标,促进社会的可持续发展。

五、育人对象:从在校学生转向所有社会成员

随着社会的发展,家校社共育的对象从在校学生扩展到了所有家庭成员、学校教师及其他社会成员。这是由家庭教育、学校教育和社会教育三者共同具有的公共性或准公共性决定的,它们都正在突破各自的传统领域,向更多的社会成员开放,凸显出公共性或准公共性的特点。由此,家校社协同育人的对象势必也要从在校学生转向所有社会成员。

教育权由家庭教育权、社会教育权和国家教育权组成。其中,家庭教育权被公认为是私权,但现代家庭教育却不纯粹属于私人事务,"实施家庭教育的责任并非典型的公法责任或私法责任,而是二者相互融合产生出来的一种新型责任"。在2021年颁布的《中华人民共和国家庭教育促进法》中,规定了各级政府及其相关部门在家庭教育中的责任,使政府

承担起了向家庭教育这一传统的私人领域提供公共教育服务的责任。而国家、社会对家庭教育所提出的育人新要求，也在其目标和内容上强烈地呈现了出来，这些都彰显出了社会对家庭教育的"渗入"。同时，随着互联网的飞速发展，在网络上分享家庭教育的理念、内容、方法和结果变得非常容易，家庭教育的各个方面不可避免地"外溢"到社会。这种"渗入"及"外溢"的交融，使家庭教育越来越具有了准公共性的性质，其影响超出家庭本身，从而扩大了教育的对象。

此外，在2021年出台的"双减"政策中，明确规定教育部门要办好家长学校，表明学校不仅要对校内学生进行教育，还要把教育对象扩大到学生家长。而现代社会教育的大教育性也决定了其教育对象本身就具有全员性的特点。

第三章　家校社共育课程的构建缘由

第一节　家校社共育课程的现实要求

一、课程建设的重要性

课程建设在家校社共育中的重要性不可忽视。它不仅是育人的载体,更是联系学校、家庭、社会的纽带。在现有学校碎片化、零散化的家校社活动基础上,开发完善以学生发展为目标、学校指导、家校社共同参与的家校社共育课程,成为创新家校社共育实践的可行性探索。

首先,家校社共育课程的开发是建构协同育人大格局的重要举措。以"大课程观"为引领,家校社共育课程能够聚焦学生核心素养的发展需求,将家庭、学校、社会各方力量有机整合,形成协同育人的有机网络。这不仅有利于优化育人资源配置,还有助于建立更为紧密的家校社合作关系,共同推动学生的全面发展、个性发展和终身发展。

其次,在家校社协同育人的过程中,创新和开放的理念在课程建设中得以体现。课程作为育人的工具,需要不断创新以适应社会发展和学生需求的变化。通过将家庭、学校、社会的资源融入课程,可以丰富教育内容,提供多元的学科和实践体验,激发学生的学习兴趣和创造力。开放的理念还能够促使不同领域的专业人士、家长更加广泛地参与到课程的制定和实施中,形成多元共育的格局。

在家校社共育课程的建设中,明确目标是至关重要的。通过明确定义课程的目标,可以更好地引导教育资源的配置和使用,确保课程能够真正服务于学生的发展。此外,精心的项目计划、明确的团队成员职责与分工、清晰的实施步骤,以及及时的评价反馈和改进,都是保障课程建设质量的关键因素。

我们要培养一个健康的、全面发展的人,必须高度重视家庭、学校、社会各自的教育功能。课程建设作为家校社共育的源头活水,有助于提高家校社共育的实效。通过家校社共育课程,学生能够在更为完善的成长环境中感受到家庭、学校和社会的关怀与支持。同时,家长和社会的广泛参与也为学校提供了更丰富的教育资源,促使课程更加贴近实际、创新多元。因此,家校社共育课程的建设不仅是教育改革的需要,更是对学生终身发展的关怀。通过构建有机、多元、协同的家校社共育课程体系,我们能够为培养具有创新能力、责任感和适应力的新时代人才奠定坚实的基础。

二、国家政策的推动

当前,我国已经进入了"十四五"发展时期,国际竞争形势严峻,繁荣发展文化事业和文化产业,提高国家文化软实力是推进社会主义文化强国建设的大势所趋。为了应对风云多变的国际形势,学生的全面发展和创新能力、实践能力的提升成为重中之重。而要想达成这一目标,仅靠学校教育是无法实现的,家庭教育和社会教育都必须在其中发挥强有力的作用。

2004年5月31日中共中央、国务院颁布的《关于进一步加强和改进未成年人思想道德建设的若干意见》明确指出："家庭教育在未成年人思想道德建设中具有特殊重要的作用,要把家庭教育与社会教育、学校教育紧密结合起来。"2015 年,《教育部关于加强家庭教育工作的指导意见》中明确规定了学校的重要作用、家长的主体责任,以及社会的支持与保障在家庭教育中的意义。2018 年,习近平总书记在全国教育大会上强调"办好教育事业,家庭、学校、政府和社会都有责任"。2021 年 10 月,中华人民共和国第十三届全国人民代表大会常务委员会第三十一次会议通过了《中华人民共和国家庭教育促进法》,家庭教育工作和家庭教育指导已经上升为国家战略和国家意志。2023 年 1 月,教育部等十三部门联合印发了《关于健全学校家庭社会协同育人机制的意见》,指出促进学校积极主导、家庭主动尽责、社会有效支持的协同育人机制更加完善,到 2035 年,形成定位清晰、机制健全、联动紧密、科学高效的学校家庭社会协同育人机制。这一系列的政策举措都显示出了教育是需要学校、家庭乃至社会共同承担责任并付出努力的事业,也显示出了教育事业在社会、民族和国家未来发展中的重要地位。

三、家校社共育存在问题,未达到预期效果

(一) 家校社责任边界无法厘清,三方被互相掣肘

在传统教育中,家校社协同育人并非是一种普遍观念。在家长和社会看来,学校才是育人的阵地,"教育是属于学校的权力"。他们认为教师是专业的教育人员,如果对学校教育"指手画脚"就是对学校的质疑,向学校教育提出意见更是对学校与教师权威的挑战,担心这样做反而会使孩子在学校遭受到不公平的对待。这一状况主要源于传统观念对教育主体和权责的固有认知,以及对协同育人理念的欠缺。

同时,部分教师也主张家长只需做好孩子的后勤保障即可,认为家长的意见众口难调。如果无法照顾到不同家长的不同需求,反而会影响

到教育的效果。但如果按照家长的全部需求对教学进行改进，又会打乱正常的教育秩序，使得协同育人的效果变差。

这些想法导致了在家校社协同育人的过程中，家庭教育和社会教育成了学校教育的下位，三方都没有正确意识到家庭教育、社会教育与学校教育的协同责任边界。这样的家校社关系并不是平等交流、相互沟通、共同促进的协同关系。这种不平等的协同关系导致了对学校教育主体性的过分强调，而忽视了家庭教育和社会教育的独特价值。在实际操作中，三者之间的沟通不畅、合作不顺，形成了各自为政、各自为战的状态，远离了协同育人的初衷。学界也呼吁需要厘清家校社协同育人的主体责任边界，但实际上却将家庭教育与社会教育抵挡在了学校教育之外。

因此，家校社协同育人的责任边界需要在理念上得到更为清晰的定义，并通过政策、法规等手段来促使各方更加理性、平等地参与协同育人，最终实现家庭、学校和社会共同为学生提供更为全面、个性化的成长支持。在这过程中，需要建立和加强各方之间的信任和合作机制，形成真正有机、互补、协同的育人关系。

（二）家校社三方角色定位模糊，缺乏主动性

在家校社协同育人的理念下，我们对学校、家长和社会的角色提出了更为全面的要求。但在具体落实的过程中，却存在一些问题，这些问题使得家校社三方的角色定位模糊，缺乏主动性，导致协同育人的效果不尽如人意。

首先，教师在协同育人中的角色定位相对模糊。尽管新时代要求教师成为更开放的社区型的教育者，但教师往往面临来自教学和科研的巨大压力，难以将更多的时间和精力投入协同育人的工作中。学校管理体制以及评价体系也往往更加注重课堂教学和学科竞赛的成果，对协同育人的具体实践给予关注较少。因此，教师缺乏在协同育人中主动发挥作

用的动力,更容易选择仅做好"分内"的工作,使得协同育人的主动性和深度受到一定限制。

其次,家长和社会方面参与协同育人的意愿相对较低。这一现象与家长和社会对协同育人的认知水平有关。在传统观念中,很多人仍然将教育视为学校的事务,认为家庭和社会只需提供物质保障即可,对于具体的教育活动和方法缺乏深入的了解。同时,家庭和社会也面临各种生活和工作的压力,导致他们难以主动参与协同育人的工作。这种情况使得家长和社会在协同育人中处于较为被动的地位。

在组织和表现方面,学校的相关机制也在一定程度上限制了家校社协同育人的深入发展。一方面,学校的管理体制未能有效激励和支持教师主动参与协同育人,评价体系也未能全面反映教师在协同育人中的贡献,缺乏激发教师参与协同育人的积极手段。另一方面,学校还缺乏有效的家校社协同育人的组织机制和平台,使家长和社会很难参与教育决策和实践。

(三) 家校社生态信任关系需改善

在实际的教学过程中,当出现家庭和学校之间意见相左的情况时,很多家长倾向于以学校的意见为主。这表现在学校发出通知后,家长往往会无条件地配合执行,只有极少数家长会对这些通知进行深入思考,尽管他们的个体意见并未在执行过程中产生强烈的效力。在实际操作中,学校的决策和规定通常被视为权威和专业,而家长则往往习惯性地接受并执行,形成了一种默认的从属关系。

然而,要实现真正的家校社协同育人,首要前提是建立家庭教育、学校教育和社会教育三方之间的平等协同伙伴关系,但实际情况却显示出学校教育的地位远远高于家庭教育和社会教育。尽管学校在近年来主动将一部分教育代理权向家庭和社会开放,但家庭和社会在这个过程中也仍是较为被动的一方。这种由教育代理权引发的尖锐矛盾持续地影响着已经建立的协同育人情感,使家校社之间的关系更趋向对峙,协同育人的目标变得更加难以实现。

要理解这一状况,首先需要考虑到学校作为教育的主体,拥有专业的师资力量和教育资源,有着相对更为系统和标准的教育体系。这使得学校在协同育人的过程中往往处于主导地位。相比之下,家庭教育和社会教育在组织性与系统性上存在一定的不足,缺乏与学校相匹配的专业性,导致其在协同育人中相对被动。

因此,在协同育人的过程中,家庭教育和社会教育未能充分发挥其独特优势。家长往往在"无意识"的情况下接受学校的决策,而社会也较少参与协同育人的过程。这使得家庭和社会在协同育人中的作用受到了限制,协同关系无法实现真正的平等。

(四) 家校社合作流于形式

我国目前的家校社合作组织,如家长学校和家长委员会,通常由各学校主导成立。这些组织的结构相对松散,内部缺乏统一的规章制度,外部各组织之间也缺乏有效的协作机制。这导致许多事务仅为相关的家长代表所知,其他家长和社区成员对学校教育管理的知情权和决策权得不到充分保障。

相较之下,一些国外的"家庭—学校"合作组织,如美国的家长教师协会(PTA),展现出更为成熟的机制。PTA采取"家庭—学校"合作共事的方式,通过制定明确具体的工作章程和议事规则,使每个成员都清楚自己的职责和任务,避免了合作流于形式的问题。这种机制有助于确保家庭、学校和社会的有效协同,使得家校社合作能够更好地发挥作用。

值得注意的是,成熟的合作机构通常会制订明确具体的家校社合作计划和方案,以确保合作长期有效进行。这有助于明确各方的期望和目标,使得家校社合作能够在更长的时间尺度内稳定发展。通过经常性的工作总结,并向上级组织汇报,合作机构可以更好地评估工作的进展,并在必要时进行调整。这种透明和有序的机制使得合作不再依赖于个别人的个人负责,而是形成共同负责、共同实施的态势。

在家校社合作机构中,各成员的参与程度和贡献往往是不同的。为了使合作更为平等,合作机构需要倡导共同负责的理念,并采取措施确保每个成员都能充分发挥其潜力。这有助于在合作中建立更为均衡的关系,避免某一方对整个合作过程产生过大的影响。

四、有助于提升家校社共育的质量

（一）家校社课程开发是提升家校社共育质量的有效途径

家庭、社会和学校相互沟通与合作是促进学生健康成长的重要保证。家校社共育强调家庭、社会和学校共同承担育人责任。三者的共同目的都是为了孩子的健康全面发展,而家庭和社会的育人观念以及家校社互动的程度等都会影响到家校社共育的效果。因此,我们需要对家校社课程进行开发,以此来改变家庭和社会的观念,从而促进家校社的沟通合作。同时,学校作为家校社共育的一方,有责任对家庭和社会进行教育方面专业知识的指导,但教师的工作任务繁重,缺乏时间与精力制定相应的指导方案。因此,我们要开发家校社共育课程,以提升家庭和社会的教育能力。

（二）促进学生成长的现实需要

初中阶段是个体意识和行为出现转折点的关键时期,良好的家庭教育和社会教育有利于初中生身心健康,能够帮助他们建立起完整的世界观、人生观、价值观。根据埃里克森的人格发展理论,初中生处于青春期（12—20岁）,这一阶段面临的主要任务是克服角色混乱意识,发展自我同一性。处于中学阶段的学生在知识储备量、认知上不健全,需要家庭、社会与学校三方合作,共同促进学生成长,引导学生身心健康发展。

(三) 帮助家长拓宽教育视野

家校社共育课程的开发不仅有助于拓宽家长的教育视野,更是促使他们深入了解学校教育的多元内容和创新方法的有效途径。通过积极参与课程制定的过程,家长能够逐步加深对教育的理解,更直观地感受学校教育的内涵与方向。这种参与不是仅仅被动地接收信息,而是一次与教育专业知识互动的机会,使得他们的认知水平得以提升。

在这个过程中,家长既是课程的接收者,更是参与者和合作者。通过与学校教育者的密切协作,家长可以深入了解先进的教育理念,并通过实际操作体验到这些理念在孩子学习中的实际效果。这种实践性的体验不仅拓宽了家长的教育视野,也使他们更具备教育专业素养。

除此之外,课程的开发也在一定程度上将家长从传统的家庭教育模式中解放出来。家庭教育往往受限于家庭环境和家长的个人经验,而通过与学校教育和社区教育协同育人,家长能够接触到更广泛的教育资源和方法。这种跳出传统框架的参与方式,能让家长有机会认识到教育并非是孤立的个体行为,而是一个集体参与、共同努力的过程。

在这个协同育人的过程中,家长也能更好地理解社会的多元性和复杂性。通过与其他家庭互动,交流不同的教育经验和观念,家长能够拓宽教育视野,加深对教育的理解,形成更加开放、包容的教育观念。这样的拓展不仅有益于个体家庭,也为整个教育体系注入了更多的创新与活力。

(四) 强化社会教育的社会责任感

家校社共育课程的开发在强化社会教育的社会责任感方面具有深远的意义。这一过程不仅是学校和社会的互动,更是社会教育积极参与并贡献于学校教育体系的一种有益尝试。通过这样的合作,社会教育能够更加精准地了解学校的教育目标和实际需求,从而更有针对性地提供支持和服务。

首先，社会教育通过深入了解学校的教育目标，能够更好地对接社会的实际需求。这种精准的对接不仅有助于社会教育更好地规划和调整自身的教育服务内容，也能够更好地满足学校在终身教育方面的需求。例如，社会教育可以结合学校的教育重点，提供专业的职业培训课程，以帮助学生更好地适应未来职业发展的挑战。

其次，社会教育的社会责任感有助于提升整个社会教育体系的质量。一方面，通过参与学校的教育过程，社会教育能够及时调整教育方向，不断优化教育资源配置，使其更符合社会的实际需求。这种有针对性的社会责任感不仅仅是对学校的支持，更是对整个社会终身教育体系的积极建设。另一方面，社会教育通过与学校形成紧密的协同关系，不仅能够更好地融入学校教育体系，也能够更加理性地参与学校教育的各个环节。这种有序的协同合作关系有助于形成一个更加稳定、可持续的社会教育体系，为学生提供更加全面、高效的终身教育服务。

社会教育的社会责任感还体现在其对家校社协同育人的积极参与，能够通过提供实际操作的机会、组织实地考察等方式，帮助学生更好地理解社会的运作规律，培养学生解决实际问题的能力。这种实践性的社会责任感使得社会教育不再仅仅停留在理论层面，更能够直接影响学生的学习效果和社会适应能力。

第二节　家校社共育课程的实施意义

一、有助于推动学校教育的持续发展

家庭教育、社会教育与学校教育的协同联动，可以推动整个学校的教育工作向深向好发展。其实际的促进作用主要落实在完善学校教育制度、联合校内外关系、丰富教育资源、开展因材施教等方面。

（一）有助于完善现代学校制度

现代学校制度的完善是建设学习型社会的基石。这一制度体系注重现代教育理念的引导，追求依法自治、民主管理，旨在促进家庭、学校、社会之间的和谐发展。

在现代学校制度的建设过程中，对学生全面发展的关注是一个核心理念。这意味着学校不仅要关注学科知识的传授，还要注重培养学生的综合素养、创新精神和团队协作能力。在这一背景下，家校社协同育人的实施成为非常必要的一环。通过家校社协同育人，学校制度能更加全面地关注学生的个性发展，将教育视野扩展到社会层面，使学生在不同领域都能够得到更全面的培养。

同时，随着教育的不断发展，学校教育越来越需要家庭教育和社会教育的积极参与。这为家校社协同育人提供了更为广泛的实施场域。社会教育的介入不仅为学生提供了更多元的学习资源，也为家长提供了更多关于孩子学习和成长的信息。这种教育生态的多元化有助于打破传统学校边界，实现教育的全方位发展。

而家校社共育课程的实施不仅是对学生个体的关注，也对整个学校制度提出了更高的要求。学校需要以更加开放的态度，与家庭和社会密

切合作，形成一个共同育人的大环境。这种协同育人的实践使学校制度更具活力和适应力，能更好地服务于学生的成长。

（二）有利于良好校内外关系的建立

美国教育研究界提出了具有代表性的有关家校社合作的三层次论，以家庭和社会组织成员参与学校教育的程度作为判定依据，区分了最低层面、联合层面和决策层面等三种参与程度。

在最低层面的参与中，家长和社会组织成员被视为协同育人活动的"被动者"。这意味着他们更多地接受学校的决策和安排，作为支持者参与学生的教育过程。这一层次的参与是家校社协同育人的基础，为建立校内外关系奠定了基础。在这个层次上，家长和社会组织成员的参与已经为学生提供了更广泛的支持，但仍然处于相对被动的状态。

随着参与程度的提升，家校社合作到联合层面，三者的协同关系变得更加平等。在这一层次上，家长和社会组织成员不再仅仅是被动接受学校的决策，而开始积极参与协同育人活动的制定和执行。这可能包括参与家长会议、志愿者工作以及社区教育项目等。这样的互动关系有助于打破学校和社会之间的壁垒，形成更为紧密的合作关系。

最高层次的参与是决策层面，这一层次的家长和社会组织成员成为协同育人活动的决策者之一。在这个层次上，他们与学校决策者共同参与制定学校政策、规划教育课程和解决学校问题的过程。这种深度的协同育人关系不仅使家长和社会组织成员成为学生利益的支持者，更让他们与其他决策者一起承担责任，共同保障孩子们接受到良好的教育。

达到决策层面后，家长与社会组织成员需要确保学校制定的决策真正考虑到学生的实际需求，促进学生的全面成长。这种共同负责的关系有助于建立更加紧密、深刻的校内外关系，推动学校制度更加贴近实际，更有利于学生成长。

（三）有助于挖掘和丰富教育资源

在当今快速发展的社会背景下，家庭与社会的多元化资源成为促进学生全面发展的重要内容。这一趋势不仅在教育改革中得到了强调，也显现出了现有的课程资源已无法完全满足学生的需求了。因此，家庭与社会资源的整合利用成为推动教育创新和学生全面发展的关键。家长与社会成员是来自社会各个领域的人士，他们拥有不同的专业知识和技术，是学校能够直接使用的教育资源，而社区内的设施、机构、场所和材料也是一座座有待挖掘的"金山"。

首先，家长作为学生成长过程中最亲近的引导者，具有独特的教育优势。通过打造家校社共育课程，建立紧密的家校合作机制，学校能够更充分地了解学生家庭的特点和需求，更有针对性地开展个性化的教育。这样的合作不仅有助于提升学生的学业水平，还能够增进家校之间的沟通与信任，形成一股共同促进学生成长的强大力量。

其次，社会成员作为社会各个领域的代表，为学校提供了宝贵的人才资源。他们所拥有的专业知识和技能，可以为学生提供更广泛的学科视角和实践经验。学校可以通过家校社共育课程，邀请社区工作者参与学校的教学活动、职业分享等环节，使学生更深入地了解社会的多元性，培养跨学科的综合能力。这种积极的合作关系既能够为学生提供实际的职业导向，也能够使学校教育更好地融入社会，为学生未来的职业发展提供更有力的支持。

除了人力资源，社区内的各类设施、机构、场所和材料也是学校可以积极挖掘的宝贵资源。比如，社区内可能有图书馆、博物馆、艺术馆等文化机构，它们不仅拥有大量的文化资源，还能够为学校提供多样的学科知识。通过与这些机构建立紧密的合作关系，学校能够让学生接触到更丰富的文化资源，激发他们的学科兴趣。此外，社区中的各类场所和设施，如体育馆、实验室、工作坊等，也为学校提供了更广泛的实践场地，促使学生在实际操作中更好地理解和掌握相关知识。

（四）有助于实施因材施教

家校社共育课程的设立能够建立全面的学生信息交流机制，成为推动学校与社会互动、提升教学水平的有效途径，从而实现因材施教。这一课程不仅让教师能在大班额教学的常态下更加全面地了解学生的学习状况，也为家长和社会工作者提供了更多参与教育的机会。

在这一家校社共育框架下形成的学生"学情档案"，将包含更加全面的信息，涵盖学科学习、兴趣特长、性格特点等多方面的内容。教师可以更精准地把握学生的个性需求，有针对性地进行因材施教。课堂内，教师可以结合这些信息调整教学策略，提供个性化辅导，使每个学生都能在适合自己发展水平的环境中成长。

总之，家校社共育课程为实施因材施教提供了有力的支持。通过促进学校、家庭和社会的互动与交流，形成全方位的学生信息体系，因材施教不再仅仅是一种教育理念，而可以在实际层面得以更加有力地实践。这种共育模式不仅有助于提高学生的学业成绩，更培养了他们的综合素养和社会责任感，为未来的职业生涯奠定坚实的基础。

二、提升家庭教育的质效

家庭是孩子永远眷恋且永不停课的学校，父母是孩子第一任且永不卸任的老师。受传统教育观念的影响，家长心中注重"成绩"的传统教育价值观根深蒂固。只要提及教育，家长最关注的就是成绩。尽管现在大力提倡学生的全面发展，但能否进入"重点"，考不考得上大学，仍是许多家长的第一关注点。为了这一目标，家长甚至可以放弃孩子在其他方面的发展，忽视孩子的兴趣。这种教育价值观上的落差也是限制素质教育发展的一个要素。要想提升家庭教育的实效，就必须转变家长"以成绩为重"的传统教育价值观，让家长知道科学合理的育人方法。这些是无法通过一场家长会,或是教师在家长群里转发一些知识就能实现的。我们必须打造家校社共育课程,通过家校社共育课程的实施,让家校社三者教育观念的火花不断碰撞,家长才会明白在教育大环境中如何更好地促进孩子的成长,转变传统教育观念,掌握新的育人理念,从而打造一个良好的教育价值生态,提升家庭教育的质量。

三、引导社会教育增效

社会教育关乎儿童和青少年的成长,其基本特点是贯穿全程、覆盖全面、惠及全民。作为家庭教育和学校教育的继续延伸,社会教育属于教育场域的扩展,以其内涵的广域性、实用性、补偿性,教育方式的灵活性、生活性、体验性,持续且深刻地影响着儿童和青少年的兴趣爱好形成、健全人格养成及社会性发展。家校社共育课程的构建与实施,不仅促进了社会教育空间与内容的拓展,而且在"社会文明程度得到新提高"的"十四五"主要目标下,可以为社会教育赋权增能,在师资队伍培养、课程资源开发、活动平台创设等方面,不断增强指导、引领、聚力、融通的效能,加快社会教育的制度化与专业化。此外,社区居民多为孩子的家长或监护人,他们通过社会教育提升文化素养、养成育儿理念、习得教子方法等,也可以直接作用于家庭教育中。

四、达成学生全面发展的目标

中国学生发展核心素养分为文化基础、自主发展、社会参与等三个方面,正好对应学校教育、家庭教育与社会教育的协同共育。所以,开发家校社共育课程除了对学校、家庭、社会有着重要意义之外,对培养学生的核心素养也有着重要的作用。

(一) 有利于夯实学生的文化基础

在家校社共育课程实施的过程中,教师与家长可以根据课程的反馈给予学生有效的帮助,学校与社会相关机构专业的建议也能够帮助家长更有效地实施具有明确目的性的、高质量的家庭教育,家长反馈的学生情况也可以帮助教师因材施教。因此,通过家校社共育课程的实施,能够让家校社之间的协同互动越来越多,有利于学生打下牢固的文化基础。

(二)有利于学生社会参与感的增强

随着素质教育的不断推进,家庭教育、学校教育、社会教育形成的教育合力,可以培养学生处理自我与社会关系的能力,增强学生的社会责任感。学生通过社会教育接受情感教育、环保教育、卫生与健康教育、公民教育等,可以促进其发展成为有理想信念、敢于担当的人。成为"全面发展的人"是中国学生发展核心素养的核心,文化多元化、信息化的改变让学生面临着来自四面八方的影响,家校社三方形成教育合力可以对学生全面发展的需要进行全方位的甄别。苏霍姆林斯基认为,教育的效果依赖于学校和家庭教育影响的一致性,如果没有这种一致性,那么学校所开展的一切教育教学就像纸做的房子一样会快速地坍塌崩坏。这是很有见地的。而家校社共育课程的打造,能够让家庭、学校乃至社会之间的关系更加密切,形成一股强大的教育合力,促进这种教育一致性的形成。

五、推进教育现代化,特别是家庭教育与社会教育现代化

教育现代化就是教育在其民主性、科学性、主体性等现代性特点的增长中获得根本性的发展。家校社共育课程的打造有助于推动家校社共育的实施,从而推进家庭教育和社会教育在民主性上的增长,使得教育方式日益走向师生平等、父母与子女平等。这打破了将受教育者局限在少数人中的传统观念,转向全员、全程、全方位育人及民主育人的理念和方式,体现了教育民主的理念,有利于推动家庭教育和社会教育走向现代化。同时,家校社协同育人也意味着家庭、学校和社会都是平等的育人主体,家庭和社会在与学校的协同育人中能够发挥自身的主体作用,这将逐渐改变家庭教育和社会教育作为学校教育附庸存在的现状,不断增强家庭和社会在育人中的主体性。

在我国,家长及社会教育工作者大多没有接受过家庭教育和社会教育等方面的专业培训,这就导致了家庭教育和社会教育在其内容和育人方法上缺乏科学性,较为随意。学校教育相较于家庭教育和社会教育而言,在教育内容及方法等方面都较为科学。因此,家校社共育课程的打造,有助于将学校教育中的科学方法辐射到家庭教育和社会教育中,让家庭教育和社会教育的育人方法与内容不断走向科学化。

下篇

让家校社共育行动看得见

中学生正处于青少年时期，这一时期是实现个体社会化的重要阶段。然而，由于其生理和心理发展的不成熟，对他们的教育已经成为当前社会、学校和家庭关注的热点及难点问题。要想将中学生培养成"有志""有识""有为"的"三有"青年，需要社会、学校和家庭三者的共同努力。金卫中学立足于学情、校情、家情和社情，打造了"幸福 e 家"家校社共育课程，开发了必修课、选修课和自修课三类课程，以满足不同的育人需求，从而提升家校社共育的科学性、有效性和专业性。

第四章　家校社共育课程的顶层设计

第一节　家校社共育课程的设计理念

一、课程理念

（一）金卫中学家庭教育现状

1. 家庭教育方法不当

本地区传统的简单粗暴式家庭教育方式仍然存在。家长缺乏家庭教育的相关专业知识，对孩子的身心发展特点不甚了解。在孩子出现问题时，多采用言语斥责、暴力约束等方式解决问题，不与孩子进行沟通，无法发现问题产生的根源。这严重影响了家庭教育的成效，导致孩子普遍存在自理能力较差、以自我为中心等问题。甚至有些孩子在父母不正确的教育方式影响下，出现了抑郁症、暴躁症等症状。

2. 父母自身素质有待提高

家长是孩子的第一任老师，其人格和言行是最有力的教育手段，对子女起着耳濡目染、潜移默化的教育作用。在成长过程中，孩子往往会学习和模仿家长的言行，尤其是家长的道德品质，这不仅是子女学习的内容,也是子女学习的直接榜样。家长的素质,直接影响子女的健康成长。

3.父母偏重孩子的学习成绩

虽然现在提倡素质教育,但考试分数最终是决定升学的因素,这使得家长更偏重于关心孩子的学习成绩。社会上一度出现的重智轻德倾向,并非出于家长的本意,而是与应试教育中的某些弊端有紧密关联。我们在学校进行的有关家庭教育的调查中,发现有部分家长相较于孩子的身心是否健康,仍然更加关注学业成绩的好坏。

4.家庭教育中父母包办多,孩子独立少

在家庭教育中,应给予孩子一定的独立空间,让孩子能独立完成自己的事情,同时帮助父母处理家务,培养一定的自理能力。如果父母为孩子安排好一切,对孩子宠爱有加,娇生惯养,就会导致孩子对家长产生较强的依赖性,自理能力差,在生活中以自我为中心,不懂得关心照顾他人。

(二)家校社共育课程理念

基于金卫中学的家庭教育现状,我们提出了"幸福e家"的家校社共育课程理念。"e"是英文单词"education"的首字母,代表教育。同时,它也代表我们的家校社共育课程将采取线上线下相结合的方式上课,从而拓宽家校社共育课程的空间,使家长不再局限于学校,能够在互联网上学习知识。"家"具有双重含义:一是指"小家",即家庭,我们的家校社共育课程面向所有家庭,旨在为每一个家庭排忧解难;二是指"大家",即社会,家校社共育课程不仅旨在提升家庭教育的科学性和专业性,还致力于增强社会教育的有效性和针对性,使社会教育在家校社共育过程中能提供更精准的支持,从而更有效地发挥其作用。"幸福e家"家校社共育课程理念强调家庭、学校与社会之间的合作与互动,采用科学方法引领教育实践,不断创新和完善教育方法,理论与实际相结合,重视培养孩子

的实践能力，并建立双向互动的家校社沟通机制，共同促进孩子的全面发展与成长。

我们希望通过"幸福 e 家"家校社共育课程的实施，能够加强学校、家庭与社会的联系，帮助家长了解并学习家庭教育的专业知识，针对家庭教育的痛点和难点，提供有效的解决方案，更新家长的育人观念，实现家庭教育的科学化和有效性。同时，也能让社会教育积极参与其中，进而提升家庭和社会的幸福感。

二、课程属性

家校社共育课程是一门具有协同性、适应性、主动性、探索性的课程。

（一）协同性

人类社会拥有三大教育系统：家庭教育系统、学校教育系统和社会教育系统。这三大系统虽相对独立，却存在系统间的相互联系与作用。当某一教育系统的要素或信息进入另一系统，与该系统的要素相互作用时，便产生了协同效应，从而影响该教育系统的功能。这种现象被称为协同教育。家校社共育课程的实施旨在促进家庭、学校与社会的共同参与和协作，在加强它们之间紧密联系的同时，帮助孩子们更好地成长。因此，家校社共育课程并非独立的教育体系，而是一种协同教育的模式，具有协同性。

家校社共育课程的协同性主要体现在以下几个方面。

1. 目标一致。家校社共育课程旨在促进学生的全面发展和增强学生的综合素质，此目标是各方共同追求的。

2. 资源共享。家庭、学校和社会各自拥有的优势和资源可以实现共享，共同促进学生的发展。

3. 角色互补。在学生成长的过程中，家庭、学校和社会扮演着不同的角色,它们互为补充,共同促进学生的发展。

4. 合作协同。实施家校社共育课程需要家庭、学校和社会的协同,三者的相互配合是实现最佳效果的关键。

5. 效果最大化。家校社共育课程的协同性能够使教育效果最大化,通过家庭、学校和社会的共同努力,更好地促进学生的全面发展。

(二) 适应性

家校社共育课程不是一成不变的,它会根据家庭和社会的需求、国家政策的要求以及学生发展的需要进行调整,以适应社会和学生的发展。其适应性主要体现在以下几个方面。

1. 多元需求的满足。家校社共育课程能够满足不同家庭的多元需求。每个家庭都有其独特的生活方式和文化背景,这些差异会对教育需求产生影响。家校社共育课程可以根据不同家庭的需求,制订个性化的教育计划和活动,满足不同家长的需求。

2. 教育目标的实现。家校社共育课程能够适应不同的教育对象,从而促使教育目标的实现。不同的教育对象需要不同的教育方法和内容。家校社共育课程可以根据不同的教育对象,帮助家长制订个性化的教育计划和活动,助力学生实现全面发展的目标。

3. 社会发展的适应。家校社共育课程能够适应社会发展的需要。随着社会的不断发展和变化,教育也需要不断更新和改进。家校社共育课程可以根据社会发展的趋势,不断更新教育内容和方法,以适应时代的要求。

(三) 主动性

家校社共育课程的实施并非被动的,它需要学校、家长和社会的主动参与,以发挥出更大的实效,增强家校社共育的效果,促进学生的全面发展。

1. 家长的主动性。家长是家校社共育课程的重要发起者和推动者。他们需要主动参与孩子的教育过程,关注孩子的学习和生活,积极与教师沟通交流,并协调家庭、学校和社会等多方面的资源,为孩子的成长提供全方位的支持和帮助。

2. 学校的主动性。学校作为家校社共育课程的重要参与者和组织者,需主动邀请家长参与教育过程,及时向家长反馈孩子的学习情况与生活表现。同时,学校应积极协调教师、家长及社会成员等多方面资源,为孩子的成长提供优质的教育服务。

3. 社会的主动性。社会是家校社共育课程的支持者与参与者,应为学校和家庭提供各种资源与支持,包括教育资金、教育机会及教育资源等。同时,社会需积极关注并解决影响青少年成长的社会问题,如贫困、环境污染与暴力等。

(四) 探索性

家校社共育课程需围绕学校、家庭与社会的需求,不断探索课程的内容、形式、资源及评价,以实现课程的动态更新和不断迭代,满足不同阶段学校、家庭与社会的需求。

1. 课程内容的探索。课程内容的设计与开发需结合学生实际情况、学校资源、家庭教育与社会发展水平等因素,考虑教育资源、目标、环境及社会对人才的需求,以制订个性化的教育计划与活动。

2. 课程形式的探索。课程形式应根据不同的教育目标与需求进行探索,可采取专题讲座、家长会、班级活动、社会实践及线上线下联合等多种形式,促进家庭、学校、社会与学生间的互动交流,以达到更好的教育效果。

3. 课程资源的探索。需充分利用学校教育资源、家庭教育资源及社会教育资源,并挖掘教师、家长、志愿者、社会机构人员等有效资源,实现资源共享与优化,增强课程实效。

4. 课程评价的探索。应建立科学合理的评价机制,对课程效果与质量进行评估和反馈。评价需结合学生实际情况、学校资源、社会资源与家庭教育等因素,采用量化评价与质性评价等多种方式,全面评估家校社共育课程对家长育人能力与学生发展的促进作用。

三、课程目标

家校社共育课程的目标是多元化的,旨在增强家庭与社会的教育参与意识、建立和谐的家校关系、提升家庭与社会的教育能力等。通过家校社的共同努力,为孩子的成长提供全面的教育支持。

(一)增强家庭与社会的教育参与意识

家校社共育课程旨在增强家庭与社会的教育参与意识。家长和社会成员应认识到自己在孩子教育过程中扮演的角色和责任,积极参与孩子的教育活动,从而为孩子提供全方位的教育支持。此外,还应鼓励并支持孩子参与社会实践活动,培养他们的社会责任感和公民意识。

(二)建立和谐的家校社关系

家校社共育课程的另一目标是构建和谐的家校社关系。家长、社会成员以及教师需建立起密切的合作关系,共同关注孩子的成长与发展,加强沟通与协调,以便及时发现并解决孩子成长过程中遇到的问题,共同为孩子的成长创造一个和谐、稳定、健康的环境。同时,家长、社会成员与教师还需要相互尊重、理解和支持,以促进教育教学质量的提升。

(三)提升家庭与社会的教育能力和素质

家校社共育课程的第三个目标是提升家庭与社会的教育能力和素质。家长和社会成员需具备一定的教育知识与技能,以便更好地参与孩子的教育过程。通过家校社共育课程,可以普及家庭教育知识,推广家庭教育方法,从而提升家长和社会成员的教育能力及素质。

(四)增强孩子的综合素质和能力

家校社共育课程的第四个目标是增强孩子的综合素质和能力。通过家庭、学校、社会的共同参与和合作,可以培养孩子的自主学习能力、批判性思维能力、沟通协作能力、创新能力等,使他们具备综合素质与能力。同时,还能提升孩子的自我认知能力、情绪管理能力、社会适应能力等素质,帮助他们更好地适应社会生活。

(五) 营造良好的教育环境和氛围

家校社共育课程的第五个目标是营造良好的教育环境和氛围。通过家庭、学校和社会的协同育人,可以创造出积极、健康、和谐的教育环境和氛围,促进孩子的学习与发展。同时,也可以为孩子提供更多的实践与探索机会,帮助他们更好地了解社会与生活,从而促进孩子的全面发展。

第二节　家校社共育课程的内容架构

一、课程内容

金卫中学根据家庭教育和社会教育的实施现状,立足于家长、学生和社会的需求以及学校的实际情况,开发了"幸福 e 家"家校社共育课程,旨在打造必修、选修、自修三类课程,以提高家校社共育的针对性和实效性。

（一）必修课程

必修课程作为普及类课程,旨在挖掘一般性资源,需要所有家长和社会成员的了解与参与。其涵盖家庭教育的基本原则和方法、学校教育的基本原则和方法、家校沟通的基本原则和方法、教育政策的解读、孩子身心发展特点等基础性内容。这些内容旨在帮助家长和社会成员建立正确的教育观和价值观,为孩子的成长和发展提供更好的支持和帮助。

1. 家庭教育原则

课程将深入探讨家庭教育的核心理念,包括尊重、沟通、引导等,旨在使家长了解这些原则在家庭教育中的应用方法,从而更好地培养孩子的品德、习惯和人格。通过线上线下结合、案例分析、小组讨论等方式,家长可以掌握科学的家庭教育理念和方法。

2. 学校教育解析

这一内容旨在帮助家长和社会成员了解学校教育的目标和过程,包括学校教育的方法、课程设置、评价方式等。家长可以更好地理解学校教育,为孩子的成长提供全面的支持。同时,学校也可以通过家长的反馈和建议,改进教育方法和内容。

3. 沟通技巧

课程将通过教学、角色扮演、小组讨论等形式,帮助家长和社会成员更好地与学校、老师、孩子和其他家长进行沟通和交流,促进家庭、学校和社会之间的合作与交流。首先,家长需要学习如何与孩子建立良好的沟通方式,包括倾听、表达、询问、引导等技巧,以便更好地了解孩子的想法和需求,并提供适当的帮助和支持。其次,家长需要了解如何与学校和老师进行沟通和交流,包括积极参与家长会、与老师定期交流、关注孩子的学习和生活等,以便更好地了解孩子在学校的情况,并协助老师做好孩子的教育工作。最后,家长需要学习如何与其他家长进行沟通和交流,包括积极参与家长间的交流活动、分享自己的育儿经验、了解其他家长的想法和建议等,以便更好地与其他家长分享经验和资源,共同促进孩子的健康成长。

4. 教育政策及法规解读

课程主要为家长普及教育政策及法规的基本概念和范畴,详细解读涉及教育目的、意义、方式、标准等方面的政策和法规,阐明家长在教育孩子过程中所享有的权利与承担的义务,以及社会对教育的支持与监督等方面的政策与法规。此外,课程还会介绍当前教育政策与法规中关于提高教育质量和促进教育公平的相关措施与政策,帮助家长更好地理解教育的发展方向与目标。

5. 孩子身心发展的特点

通过对孩子身心发展特点的了解和把握,家长能更好地理解孩子的发展需求,为孩子的健康成长提供支持和帮助。该课程主要有以下内容。

（1）孩子在不同年龄段的身体健康特点,包括生长发育、营养需求、健康管理等方面的知识与技巧,以便为孩子提供适当的健康照顾与支持。

（2）孩子在不同年龄段的心理健康特点，涵盖情绪、性格、自我意识、人际关系等方面，以便更好地关注孩子的心理需求与成长发展。

（3）帮助家长培养孩子的自理能力，如做饭、整理物品、打扫房间等方面的技能，增强孩子的自信心与独立性。

（4）帮助家长培养孩子的社交能力，包括与他人相处、沟通交流、合作分工等技能，以增强其社会适应能力。

（5）引导家长关注孩子的兴趣爱好，并鼓励孩子尝试不同的活动，以促进其个性发展，增强创造力。

6. 建立良好的亲子关系

亲子关系是家庭教育的基础。这门课程旨在教授家长如何通过沟通、情绪管理、陪伴等方式建立良好的亲子关系，促进家庭和谐，为孩子的成长提供更好的环境。

7. 家庭资源的管理与利用

家庭资源是孩子成长的重要保障。本课程将专门指导家长如何管理与利用家庭资源，包括时间、财务、人力资源等方面。通过专家讲座与案例分享，帮助家长学会如何更有效地管理与利用家庭资源，为孩子的成长提供充分的支持与保障。

8. 行为规范教育

孩子有正确的行为方式和社会交往技巧，就能更好地适应学校和社会的要求，同时也可以促进家庭和社会的和谐发展。因此，家长与社会成员需了解如何对孩子进行科学的行为规范教育。本课程将介绍行为规范教育的重要性，旨在通过家校社合作，培养具有责任感、道德感和积极乐观向上的孩子，为其未来发展打下坚实基础。

9. 异性交往教育

初中生正处于青春期，开始对异性产生兴趣，渴望与异性交往。然而，他们往往缺乏正确的交往方式和技巧，容易在交往中出现矛盾和问题。因此,我们需要通过正确的异性交往教育,帮助孩子了解异性的心理和需求,学习如何与异性相处,建立正常的异性关系。但有些家长"谈性色变",看到孩子与异性有沟通和交往,就变得很焦虑,这种反应是不恰当的。因此,我们特别开设了异性交往教育课程,旨在帮助家长了解如何引导孩子进行正确的异性交往,促进孩子异性交往能力的提升,增强他们的社交能力和个人魅力。

(二) 选修课程

选修课程作为个性化课程,针对不同家长的需求而开设,旨在帮助家长更好地了解和解决在教育孩子方面遇到的问题和困难。

1. 特殊家庭教育

特殊家庭,包括单亲家庭(父亲或母亲独自抚养孩子)、离异家庭(父母结束婚姻并分开生活,但共同抚育孩子)、高期待家庭、三代同堂家庭等。针对这些特殊家庭,我们定制了更具体的课程内容,为高期待家庭的子女教育、三代同堂家庭的代际沟通、单亲家庭和离异家庭的子女心理问题等提供指导。该课程详细讲解特殊家庭子女的教育方法和技巧,包括如何更好地理解和关注孩子的情感需求、调整家庭教育策略、与学校和社区合作等。这些内容旨在让家长了解如何在特殊家庭环境中提供情感支持,帮助家庭成员更好地应对家庭变化和角色转变,建立和谐的家庭氛围。同时,课程也会教授家长进行有效的亲子沟通,掌握与子女建立信任、表达情感、处理矛盾和冲突的技巧与方法。

2. 特需教育

特需教育面向的是那些不清楚如何教育患有抑郁症、孤独症、暴躁症、学习障碍等心理疾病孩子的家长。面对这类情况,我们首先通过专家讲座和课程教授等方式,帮助家长了解相应的症状和诊断方式,以便更好地理解孩子的需求,并提供相应的支持。针对不同症状的孩子,我们提供不同的育人策略供家长学习。例如,针对患有抑郁症的孩子,家长需关注他们的情绪状态,学会提供心理支持,鼓励他们积极面对挑战;针对患有孤独症的孩子,家长需了解他们的沟通方式和行为特点,学会帮助他们更好地融入社会,增强独立生活能力;针对患有暴躁症的孩子,家长需学会关注和帮助他们进行情绪调节和行为控制;对于有学习障碍的孩子,家长需关注他们的学习方法和认知特点,学会帮助他们改善学习方法,提高学习效率。同时,我们还与一些特殊教育机构或学校建立合作,定期交流分享教育经验,并与社区及共建单位合作,组织家长参与与特殊孩子教育相关的活动,让家长更深入地了解特殊孩子教育的相关事宜。

3. 青春期教育

青春期是孩子成长的重要阶段,这一阶段的孩子正经历身体和心理的快速变化,可能会遇到诸多挑战和困难,如独立意识增强、情绪波动、对异性的关注、自我认知的探索等。这些变化可能导致家长与孩子之间的矛盾加剧,尤其是当家长采取传统的简单粗暴的教育方式时,可能会引发争吵,影响孩子的生活和学习,甚至导致孩子做出离家出走、轻生等极端行为。面对青春期的孩子,有些家长不敢进行管教,任其发展,导致孩子行为任性;有些家长过分干涉,不给予孩子自由空间,导致孩子自卑怯弱或强烈逆反,使家长感到束手无策。针对这些情况,我们在家校社共育课程中开设了青春期教育课程,邀请在青春期教育方面有经验的专家、学者或教师,为家长讲解青春期孩子的生理变化、心理特点及教育方法,帮助家长更好地理解和掌握教育青春期孩子的方法,使家长能在家庭教育中注重激发孩子的兴趣和爱好,帮助他们发现自我优势和潜力,培养自信和自律。同时,帮助孩子树立正确的价值观,学会情绪管理,建立良好的人际关系,从而使自己的青春期散发出真正的青春光辉。

4. 厌学教育

孩子厌学的原因可能多种多样,例如学习压力过大、缺乏学习兴趣、学习环境不佳、家庭问题等。要解决孩子的厌学问题,首先必须找到导致厌学的原因,从而对症下药。在本课程中,家长将学习如何找出孩子厌学的原因,并提供有针对性的有效措施。例如,可以帮助孩子创造良好的学习环境,比如整理书桌、保持室内安静、准备营养丰富的食物等。同时,还可以通过与孩子交流、鼓励孩子尝试新事物、与孩子一起学习等方式来培养孩子的学习兴趣。当孩子对学习产生兴趣时,他们会更加积极主动地投入学习。此外,营造良好的家庭氛围对孩子的学习影响深远,积极向上的家庭氛围可以帮助孩子更好地应对学习压力和挑战。家长在孩子的厌学教育中,最需要做的就是帮助孩子正确看待学习,让他们理解学习是为了提高自己的能力和素质,而不仅仅是为了应对考试或获得他人认可,向孩子传递积极的学习观念和方法,比如主动学习、善于总结和反思等。

5. 沉迷网络教育

随着科技的不断进步,电子设备日新月异,一些孩子因此沉迷于网络,这不仅影响了他们的学习和健康,还可能因为一些不良游戏影响孩子的性格,使他们变得偏激、易怒,甚至喜欢暴力和血腥,让许多家长感到束手无策。针对这一情况,我们开设了沉迷网络教育课程,旨在帮助家长了解孩子沉迷网络的原因,并提供如何正确使用网络、网络的利弊、如何保护个人隐私等方面的知识。我们鼓励家长和孩子一起探讨如何合理使用网络,使孩子认识到网络的正面和负面影响,从而自觉控制自己的行为。同时,我们还会向家长展示如何科学合理地制定上网规则和时间表,规定孩子每天使用网络的时间和目的,以及违反规则的处罚措施,让孩子明确自己的责任和义务,培养自我控制能力。此外,本课程还将与社区合作,开展沉迷网络危害教育和防沉迷教育,共同引导孩子正确使用网络。

(三) 自修课程

自修课程是高阶课程,面向那些高需求、高主动性的家长。这类家长具有更高的自我驱动力和学习意愿,他们寻求更多的家庭教育知识和技能,以便更好地应对挑战。

1. 特长生培养

每个人都有自己独特的潜能和兴趣爱好,特长生培养旨在帮助孩子发现并挖掘自己的潜能,并在专业领域内获得更好的发展,从而在未来的学习和工作中更具竞争力。然而,一些家长在培养孩子的过程中,可能忽视了孩子成长的客观规律,仅注重结果而不重视过程,这往往会适得其反。为此,我们开设了特长生培养课程,邀请专业人士,如艺术老师、体育教练等,为家长提供指导。课程通过实例介绍特长生培养的实践经验和相关政策,并强调在培养过程中的反思和调整。内容包括如何制订个性化的培养计划、评估培养效果、应对挫折和失败等,帮助家长更好地理解孩子的特长领域。同时,通过家校社共育课程搭建的交流平台,家长可以与其他家长分享经验、交流心得,从而更好地支持和引导孩子的成长和发展。此外,我们还与社区合作,开展艺术、体育、科技等领域的课程和活动,为特长生提供多样化的学习资源。

2. 中考应对策略

中考是义务教育阶段的重要考试。面对社会竞争的加剧,家长对孩子的中考成绩越来越关注,常常在考前感到紧张和焦虑。为缓解家长的焦虑并使家长能够正确应对中考,我们开设了中考应对策略课程。课程内容涵盖中考政策、考试科目、考试时间、考试形式、中考志愿填报和招生政策等信息,以便家长为孩子的备考和志愿填报提供必要的指导和帮助。同时,课程还指导家长如何与孩子共同制订合理的考前学习计划,避免过度安排;如何合理安排孩子的作息和饮食;如何缓解孩子的压力,为孩子提供情感支持和鼓励,帮助他们建立自信心,以积极的态度迎接考试。

3. 生涯规划

生涯规划有助于初中生了解各类职业的特点与要求,以及自我兴趣、优势与潜力等,从而明确未来职业方向与目标。该过程涉及自我评估、反思与规划,能够增强学生自我意识与自主能力,以更好地适应未来社会发展。生涯规划的知识对学生与家长均具重要性,能让家长在孩子规划生涯时提供帮助与指导。本课程首先介绍生涯规划的概念与重要性,使家长理解为何要为孩子规划生涯;其次,帮助家长了解孩子的兴趣与特长,包括爱好、性格特点、优点与潜力,为孩子选择合适的职业方向提供依据;然后,邀请不同职业的家长介绍职业特点、发展趋势与前景,包括热门、新兴与高薪职业,引导孩子接触职业世界,培养职业意识与规划能力;最后,通过与共建单位、社区合作,提供实践机会,分享成功案例,包括企业家、职业人士的规划经验,为孩子制定合适的生涯规划提供参考。

4. 思维能力训练

思维能力训练是有目的、有计划的系统教育活动。人的天赋影响思维能力,但后天教育训练影响更大。许多研究成果表明,后天环境能显著塑造个体。本课程旨在帮助家长了解初中生思维发展特点与规律,学习训练方法与技巧,与其他家长共享经验,探讨提高孩子思维能力的方法。同时,课程还会提供思维训练实例,如设计调查问卷、进行实验探究、解决实际问题,促使孩子将理论知识转化为实践,锻炼思维能力。此外,学校还与社区合作开展活动,如辩论赛、创意设计比赛、科学实验,为孩子提供丰富的思维训练机会与资源。

二、课程目标

(一) 必修课程

必修课程强调共性和普遍性知识及技能的重要性,这是每位家长和社会成员都应掌握的。其具体目标如下。

1. 提供基础的家庭教育知识和技巧。必修课程旨在为家长和社会成员提供基础而广泛的家庭教育知识和技巧,包括了解有效与孩子沟通的方法、理解孩子心理发展过程的方式、培养孩子品德和社交技能的策略,以及设定合理的行为规范。这些知识对每位家长而言都应是必备的,能够帮助他们建立良好的亲子关系,促进孩子健康成长。

2. 培养正确的家庭教育观念。必修课程通过专家讲座、案例分析和互动讨论等形式,引导家长和社会成员树立正确的家庭教育观念,如尊重孩子的个性和差异、重视孩子的全面发展、注重家庭与学校的协同合作等。这有助于家长更好地理解和关心孩子,促进孩子的个性化发展。

3. 建立良好的家庭教育环境。必修课程将帮助家长创造良好的家庭教育环境,包括建立和谐的家庭氛围、提供丰富的教育资源、关注孩子心理健康等,为孩子的成长创造一个安全、稳定、健康的环境。

4. 形成积极的家庭情感和亲子关系。必修课程注重培养积极的家庭情感和亲子关系,家长通过学习沟通技巧、表达情感、进行角色扮演等方式,增强亲子间的亲密度和理解度,为孩子的健康成长提供坚实的情感支持。

5. 提升家长和社会成员的家校社共育能力。家长和社会成员将在必修课程中学习如何更有效地参与孩子的成长过程,包括与学校、老师、其他家长等各方积极协作,共同促进孩子的全面发展。同时,学习如何组织和参与家校社共育活动和项目。

6. 增强家校社合作与沟通能力。必修课程将帮助家长学习如何与学校进行有效的沟通和合作,了解学校的教育理念、政策和活动,更好地理解和支持学校的教育工作。此外,家长也将学习如何与老师进行有效的交流,及时了解孩子在学校的学习和生活情况,向老师反馈孩子在家中的表现和需求,从而建立更紧密的家校联系,共同促进孩子的健康成长。

（二）选修课程

选修课程旨在解决家长和社会成员在育人过程中遇到的问题和困难。其具体目标如下。

1. 帮助家长和社会成员解决在教育孩子方面的问题。选修课程针对孩子在学习方面可能遇到的问题，如学习困难、厌学，以及孩子的行为和情绪问题，如过度沉迷于网络游戏、易怒易躁等，提供相关的课程指导。这将帮助家长和社会成员更好地理解和应对孩子的学习困扰，正确引导孩子的行为和情绪，促进孩子的心理健康，并提高孩子的学习效率。

2. 提供个性化的解决方案和支持。选修课程针对不同家庭的需求，如特殊家庭、特殊孩子家庭等，提供定制化的课程教学和辅导计划，以满足不同家庭在教育孩子过程中的特殊需求，帮助家长更好地理解和应对孩子的问题，从而提高家长的教育能力和社会素养，促进孩子的健康成长和发展。

3. 增强家长的共同育人意识和能力。家长是孩子成长的重要导师，选修课程可以帮助家长认识到自己的育人角色和责任。同时，通过与学校的紧密合作，家长可以深入理解学校的教育理念和教育方式，从而更好地协助孩子的学习。

（三）自修课程

自修课程旨在满足家长在教育孩子方面的高层次需求，提供更加专业、深入、有效的知识和技能。在促进孩子健康成长和发展的同时，也帮助家长更好地实现自我成长和提升。其具体目标如下。

1. 提供专业、深入、有效的知识和技能。自修课程会针对高需求、高主动性的家长，提供专业、深入且具有实践性的家庭教育知识和技能。这将帮助家长更好地理解和应对孩子成长过程中的各种挑战和问题。同时，通过将理论与实践相结合，利用模拟演练、案例分析、角色扮演等形式,帮助家长提升实际操作能力和应对技巧,更好地将所学知识应用到实际生活中,促进孩子的健康成长和发展。

2. 深化家长对家庭教育的理解和认识。高需求、高主动性的家长往往具有较高的教育热情,他们需要更高层次的教育理解和认识,以便更好地指导孩子的成长。自修课程为家长提供了这样的学习机会,使家长能够更深入地理解家庭教育的本质、目的和方法。

3. 进一步加强家校社合作。高需求、高主动性的家长往往会积极参与学校的活动,希望与学校建立更紧密的合作关系,并善于利用社会资源帮助孩子成长,能主动与学校和社会合作。

三、课程实施机制

(一) 实施全员导师制

全员导师制是一种旨在加强家校社合作、提高教育质量的教育制度。我们所建立的全员导师制中的"全员"并不仅指全体学校教师,还包括家长和社会成员。

在家校社共育课程的实施过程中,我们除了请专业且经验丰富的老师担任导师,解答家长的疑问外,还会选拔符合条件的家长,并邀请相关领域的专家及其他社会成员等担任导师,共同参与课程教学。通过导师的桥梁作用,可以加强学校与家庭、社会之间的沟通与合作,建立一个更加紧密、高效的育人体系。同时,也能借助丰富的社会资源和家庭资源,扩展家校社共育课程的内容和形式。

(二) 搭建"大手牵小手"互助式共育平台

为了让家长更深入地参与孩子的教育过程,加强家长与学校、社会之间的沟通交流,增进相互理解和信任,提升家庭教育能力较弱的家长的育人水平,我们与金卫中学全体学生的家长及金山卫镇各社区携手,打造了"大手牵小手"互助式共育平台。通过问卷调查,了解每个家庭的现状和育人需求，并根据家庭教育水平分为优秀、良好和一般三类。然后，将同一社区的同质家庭或有相同育人需求的家庭分为一组，把优秀家庭的育人经验提炼出来，结合不佳的家庭教育案例，作为每一组的学习资源。同时，与社区共建单位合作，为互助式共育提供空间和学习资源，并建立线上交流群，让家长既能在线上交流问题、寻求帮助，也可以在线下与同组家长分享育人经验。

（三）开展校际及校社合作

校际合作是指两个或多个学校为了共同发展而进行的合作，通常涉及资源共享、联合办学、互派教师和学生等。家校社共育课程的校际合作主要是与有合作关系的同类、同质或不同质的学校进行资源共享，弥补在家校社共育课程实施过程中某些教育资源的不足。通过校际合作，我们还建立了共享数据库，集中各校的家校社共育资源，为所有参与合作的学校提供数据支持和参考，增强家校社共育课程的辐射力，提升育人价值和实效。

校社合作是指学校与共建单位、社会机构和社区之间的合作。在家校社共育课程的实施过程中，我们与共建单位、社会机构和社区携手，共同组织一些家校社共育的实践活动，例如职业体验、社会调查等，并邀请相关社会人士进入校园为家长授课，如上海中夏汇鸿律师事务所律师、上海市金山区检察院检察部负责人等。此外，我们还在社区开展家庭教育讲座和研讨会，提供家庭教育咨询。通过校社合作，为家校社共育课程的实施提供更多的教育资源和实践机会。

（四）进行线上线下联合教学

在家校社共育课程的实施过程中，除了在学校、社区、共建单位等线下平台为家长授课解惑外，我们还搭建了一个线上教学平台。我们整理了一系列电子图书和资料，包括家庭教育方面的书籍、学科辅导资料等，以方便家长查阅和学习。此外，我们还让导师进入线上教学平台，为家长提供多样化的学习资源和支持。在线上教学平台上，家长可以根据自己的需求选择相应的课程进行自学。同时，在平台上，家长还可以进行线上交流，例如对导师进行线上提问，与其他家长分享经验，讨论大多数家长遇到的相同育人困惑，等等。导师会及时回复家长的问题，并提供指导和帮助。若家长觉得线上交流无法解决问题时，我们还开放了导师预约通道，家长可以扫描二维码预约自己想要选择的导师，进行线下面对面的交流。

第五章 家校社共育课程的有效实践

第一节 家校社共育课程的实践案例

【案例一】八年级学生沉迷网络游戏

(一) 案由

一位八年级学生的家长前来咨询,因其孩子最近沉迷于网络游戏,学习成绩急剧下降。家长表示,尽管已尝试过多种方法,包括劝说、限制游戏时间、没收手机等,孩子的行为仍未有所改变。家长对孩子的未来感到担忧,希望能找到解决方案。

经详细了解,导师发现该学生每日花费长达六小时在游戏中,晚上甚至熬夜打游戏,因此第二天无法集中注意力上课,学习成绩也因此大幅下滑。家长对此感到非常困扰和担忧。以前孩子的学习成绩优秀,拥有各种兴趣爱好,但现在已完全沉迷于游戏。

家长还提到,与孩子的沟通变得越来越困难。过去孩子会与他们分享学校的趣事和自己的想法,但现在只想着玩游戏。每当家长尝试限制游戏时间,都会引发激烈的争吵。

导师与家长进一步交谈后发现，孩子沉迷游戏的原因主要有两个：首先，他在学校感受到较大的压力，尤其是在数学课上。因为对数学知识掌握得不够扎实，孩子在数学考试中成绩不佳，这让他感到沮丧。而父母对他在学校的表现寄予高期望，这让他感到更加无助和困惑。其次，孩子沉迷游戏还因为在游戏中找到了成就感。在虚拟世界中，他可以自由探索、体验不同的角色和情境，这种自由和探索带给他兴奋和满足感。此外，他还能与来自全国各地的玩家交流和互动，感受到被认可和接纳的喜悦。

（二）过程与策略

1. 导师首先与家长进行深入的沟通，详细了解孩子沉迷网络游戏的具体情况，包括孩子的游戏内容、时间、程度等，以及家长所采取的措施和孩子的反应。在交流中，导师还与家长探讨了对孩子沉迷游戏的看法和感受，以及家长对孩子未来的期望和担忧。通过使用专业的询问技巧，导师深入挖掘了孩子沉迷网络游戏的根本原因，了解到孩子沉迷游戏是因为存在社交需求和逃避现实的心理因素，从而更加全面地把握了孩子的情况。同时，还开了家庭座谈会，让家长之间分享彼此的经验和感受，形成互助和支持的氛围，从而建立了一个更为紧密的家长社区，帮助各位家长共同应对类似问题。

2. 在了解孩子的沉迷情况和家庭背景后，导师向家长解释了沉迷游戏的危害，包括对视力的影响、对学业的冲击以及对社交生活的剥夺等。同时，导师还向家长介绍了如何设定合理的游戏时间，以及如何引导孩子发掘其他的兴趣爱好，鼓励孩子参加社交活动等。

3. 导师建议家长与孩子的老师进行沟通，了解孩子在课堂上的表现和学习情况。同时，还为家长提供了家校社共育课程中的亲子沟通课程和沉迷网络教育课程，以帮助家长提升与孩子的沟通技巧和情感交流能力，解决孩子沉迷网络游戏的问题。在亲子沟通课程中，家长可以了解如何与孩子建立良好的关系，如何倾听孩子的想法和感受，以及如何引导孩子积极参与家庭活动等技巧。在沉迷网络教育课程中，家长可以了解孩子沉迷网络的原因，并且这门课程还提供相关的网络使用教育，包括网络的利弊、如何正确使用网络、如何保护个人隐私等方面的知识。

4. 当家长认识到自身在孩子教育中的重要性后，导师鼓励家长尝试与孩子进行更多的情感交流。家长和孩子可以一起参加学校组织的家庭和社会活动，例如户外运动会、相关社会实践等，以增进彼此之间的了解和信任。此外，还建议家长多关注孩子的兴趣爱好和特长，尝试从孩子的角度解决问题。如果孩子喜欢玩游戏，那么家长可以和孩子一起探讨游戏中的剧情、角色设定等话题，以便更好地了解孩子的想法和需求。

5. 学校专设的家校社共育课程的导师并不能代替真正的专业心理咨询师，因此，导师仍建议家长带着孩子和专业心理咨询师进行一次沟通，以获得更专业的指导和建议。心理咨询师可以通过观察和与孩子的直接交流来评估孩子的情感状态和学习需求，并提供相应的支持和指导。

同时，导师也向孩子的班主任老师提出了建议。首先，老师应加强对这个孩子的关注和理解，与他多交流，关心他的生活和学习状况，并给予他更多的支持和鼓励，帮助他重拾信心。其次，老师还可以通过组织一些有趣的活动，激发他对学习的兴趣，并培养他的团队精神和领导能力。此外，老师还应与家长保持密切联系，并共同制订计划，引导这个孩子逐渐摆脱沉迷，重新投入学习。

（三）实践成效

1. 家庭关系的深度调整

家长通过导师的引导，逐渐转变了对孩子的期望，从单一地关注学习成绩，转向更全面地关注孩子的兴趣爱好和情感需求。这种转变不仅改善了家庭氛围，也在孩子内心树立了更为积极的自我认知。通过一系列家庭活动,家庭成员之间的信任和理解逐渐增强,家庭成为孩子能够倚靠和依恋的港湾。

同时,家长的沟通技巧也得到了提升,开始更多地运用积极倾听和理解的方式与孩子沟通。这种改变加深了亲子关系,孩子逐渐愿意分享自己的感受和想法。在情感上得到更好的满足后,孩子的学业压力也有所减轻,从而更愿意面对学习问题。

2. 家校合作的成效

家校合作机制得到深化,老师更加关注孩子在学校的表现,及时与家长分享观察到的变化。通过双方的共同努力,建立了定期沟通的机制,及时发现和解决问题。学校也针对孩子的特殊情况,提供了更为个性化的学习计划和支持方案。

家庭与学校的联系成为孩子全面发展的保障。老师通过丰富多彩的课堂活动和学校社团活动,引导孩子培养兴趣和发展特长。学校通过专业的心理辅导,帮助孩子更好地适应学校生活,培养其社交技能。

3. 亲子沟通课程的实际应用

家长在家校社共育课程的亲子沟通课程中学到了更为深入的沟通技巧,这不仅体现在与孩子的关系中,也在与其他家长的互动中得到实际应用,形成了一个积极向上、共同成长的学习社群。

家长的情感陪伴能力得到提升,使孩子在面临问题时更愿意与家长沟通。通过理性表达和共情,家长与孩子之间建立了更为牢固的情感纽带,让孩子在面对学业和生活压力时能够更积极地寻求帮助。

4. 孩子的全面发展

孩子逐渐减少了对网络游戏的依赖,开始将更多时间用于学业和兴趣爱好的培养。导师和班主任老师的引导使孩子对学习产生了新的兴趣,提高了学习动力。同时,孩子在学校的适应能力明显提升,积极参与各种课外活动,并通过个人努力取得了一些小成绩。这些小成功的经验有助于提高孩子的自信心,改善他在学校的整体表现。

5. 家长在孩子成长中的角色转变

家长的角色已从单纯的"监管者"转变为更积极的"陪伴者"和"引导者"。他们以更宽容和理解的态度看待孩子的问题,重视引导而非强制,促进了家庭关系的和谐。通过参与学校活动和学习家校社共育课程,家长能更深入地了解孩子在学校的表现,并更有针对性地提供支持。这种角色的转变让家长逐渐意识到,孩子的成长不仅仅依赖于学校教育,家庭的作用同样至关重要。

6. 未来的持续关注和发展

家长、学校和导师将持续保持紧密联系,形成一个关注孩子成长的持续性网络。通过定期的家庭会议和学校的进展汇报,及时调整支持计划,确保孩子的全面发展。针对孩子的特殊需求,学校将继续提供个性化支持方案,包括更灵活的学业安排和心理辅导等。导师也将持续与家长合作,探讨更深层次的成长问题,为孩子的未来发展打下坚实的基础。

通过这一系列的深入实践,孩子的成长逐步走向正轨。家长、学校和导师共同构建的支持网络,成为孩子健康成长的坚实支柱。这不仅是解决沉迷问题的过程,更是孩子全面发展的良机,为其未来的成功奠定了坚实的基础。

(四) 反思

1. 家庭、学校和社会需要更加紧密合作

在此案例中,家长、教师、家校社共育课程中的导师以及专业心理咨询师均扮演了重要角色。他们需相互合作,共同解决孩子沉迷网络游戏的问题。这种合作不仅需要信息共享和行动协调,更需要彼此间的信任与支持。

2. 家长在孩子教育中的角色不可替代

家长是孩子最重要的支持者和引导者。在此案例中,家长的关注与参与是解决问题的关键。家长不仅需理解孩子的情感需求,还需关注孩子的兴趣爱好,并尝试从孩子的角度出发解决问题。同时,家长也需与学校保持密切联系,共同制订计划,引导孩子重新投入学习。

3. 充分利用社会资源

在此案例中,专业心理咨询师为家庭提供了专业指导和建议,这对解决孩子的沉迷问题提供了重要支持。此外,社会上还有许多其他资源,如社区活动、志愿者组织等,这些都能为孩子的全面发展和成长提供帮助与支持。

4. 关注孩子的情感需求和兴趣爱好

孩子沉迷网络游戏往往因现实生活中缺乏情感支持和兴趣爱好。因此,家长和教师需关注孩子的情感需求,尝试了解他们的内心世界,并为他们提供支持与鼓励。同时,可以通过组织有趣的活动来激发他们对学习的兴趣,培养他们的团队协作精神和领导能力。

5. 预防和早期干预的重要性

在解决孩子沉迷网络游戏问题的过程中,预防和早期干预极为重要。家长需在早期对孩子进行引导和教育,培养其良好的学习与生活习惯,以及正确的价值观。同时,学校和社会也需提供更多的支持与帮助,以便及早发现并解决孩子的沉迷问题。

【案例二】九年级女生想退学

(一)案由

一位九年级女生的母亲向导师寻求帮助,她的女儿本是一个学习勤奋、成绩优异的孩子,近期却向父母表达了退学的想法,这让母亲感到极为震惊和担忧。在母亲眼中,女儿一直是个懂事、刻苦的孩子,对学习充满热情。然而,最近她却表现出对学校生活的不满和厌倦,甚至出现失眠和焦虑的症状。

　　深入沟通后,导师发现这名学生对九年级的学习生活感受到巨大压力。一方面,由于学科难度的增加和升学的压力,她开始感到力不从心;另一方面,她感觉自己与同学之间的交流日益减少,且在学习方法上缺乏有效支持。随着压力的增大,她出现了焦虑和失眠的情况,有时甚至出现自残行为。在一次与母亲的交流中,她曾表达过轻生念头,表现出厌学情绪,想要退学,仅在体育课上感到轻松,因为觉得不必"坐牢"。

　　导师还从与家长的交谈中了解到,这个家庭的亲子关系十分紧张,父母与孩子之间曾发生过激烈的肢体冲突。孩子自小由祖父母抚养长大,长大后随父母居住,曾被父亲体罚,家中管教甚严,孩子有出走的念头,与父母的关系并不亲密。

　　(二) 过程与策略

　　1. 建立信任关系

　　在与这位母亲的初次交流中,导师首先与其建立起信任关系,通过倾听和理解,让她感受到被关注和支持。同时,导师巧妙地融入家校社共育课程中的情感沟通技巧,如共情和非评价性倾听,引导母亲分享自己在孩子成长过程中的困惑与喜悦,从而打破了导师与家长之间的距离感,营造出一个更加平等和开放的交流氛围。

　　2. 深入了解情况

　　导师引导母亲详细描述女儿的情况,包括学习状况、情绪变化、家庭环境等方面。在与母亲的交流中,导师更多地采用深度倾听和积极回应,利用反思性问题引导母亲从不同角度思考女儿的学业压力和家庭环境对其情感的影响。通过深入沟通,导师逐渐理解了孩子想要退学的原因和背景,这不仅有助于解决当前问题,也为制定更科学、个性化的解决方案打下了基础。

　　3. 制定解决方案

　　根据孩子的具体情况,导师提出了一系列建议和解决方案。首先,建议母亲与女儿进行深入沟通，了解其真实想法和需求，给予适当的支持和鼓励。其次，建议家长寻求专业的心理咨询帮助，并向家长介绍了家校社共育课程中的亲子沟通课程和厌学教育课程，以解决家庭关系紧张和沟通障碍的问题，并深入了解孩子厌学的相关原因，寻找解决措施。同时，导师鼓励母亲关注女儿的学习状况，并与老师和同学沟通，帮助她找到有效的学习方法和指导。

4. 调整家庭环境

通过与家长的合作，导师与家长共同制订了一项更为全面和深入的家庭环境调整计划。除了减轻孩子的学习压力和焦虑外，导师还提倡家庭成员参与更多共育活动，例如一同参加家校社共育课程的座谈会、亲子互动游戏等。这不仅有助于增进亲子关系，也能更好地将课程中学到的理论知识应用于实践中。导师还介绍了在家庭中营造积极学习氛围的方法，如设置学习角、共同制订学习计划等，使整个家庭成为支持孩子学习成长的有益场所。在母亲的积极配合下，家庭环境得以调整，女儿的压力和焦虑逐渐减少，家庭成员间的关系也日渐和谐，亲子关系得到了显著改善。

5. 整合社区支持

导师在家校社共育课程中结合社区资源管理模块，建议母亲积极参加学校和社区的亲子活动，以此扩大孩子的社交圈。同时，鼓励母亲积极应用课程中的社交技巧，主动与其他家长进行沟通交流，分享各自的教育经验。借助社区的支持，孩子能够更顺利地融入社会，建立更多的友谊，从而缓解学业压力和心理问题。

6. 定期跟进

在定期跟进过程中，导师不仅关注孩子的学习与情感状态，更重视与母亲的互动，共同讨论和总结家庭教育的体验与成果。通过提出更多开放性问题，引导母亲独立思考和总结，使其能够更好地将家校社共育课程的理念融入家庭教育之中,形成自己的育人哲学。这一过程不仅加深了母亲对课程知识的理解,还培养了其解决问题的能力,为家庭的长期发展奠定了坚实基础。

(三)实践成效

通过家校社共育课程的实施及导师的指导,父母的育儿观念发生了转变,尤其是父亲学会了如何与女儿进行有效沟通,认识到体罚是极其错误的行为,对女儿造成了巨大伤害。女儿的情绪状态、学业成绩以及家庭关系均得到了全面改善。

1. 情绪改善与心理健康

在导师的耐心引导下,孩子的焦虑和失眠症状显著缓解。导师运用心理咨询技巧帮助孩子释放内心压力,并引导她建立积极的情绪调控机制。孩子逐渐学会在面对困难时寻求帮助,情绪变得更加稳定,自残行为和轻生念头得到了有效控制。

2. 学习态度的积极转变

通过学习家校社共育课程中的学习方法和指导模块,孩子的学习态度发生了积极的变化。导师在实际操作中示范了如何通过学习计划和目标设定来提升学习效率,并重视培养孩子的自主学习能力。同时,导师与母亲共同制订的个性化学习计划,更好地结合了孩子的兴趣和学科需求,使学习过程变得更有趣、更富有动力。在实践中,导师为孩子提供了更多的学科辅导和学习技巧指导,引导她确立学习目标和方向。通过家长与学校的有效沟通,孩子获得了更适合自己实际需求的学科辅导,逐步建立起对学习的自信。这个过程也使孩子意识到学习并非是一种压力,而是个人全面发展的机会。

3. 家庭关系的积极改善

在家校社共育课程的亲子沟通模块引导下,孩子所在家庭的关系得到了积极改善。导师协助父母重新审视亲子关系,并通过沟通技巧和家庭活动加深了亲子间的理解与信任。此外,导师还向父母传授了更为有效的家庭沟通方法,帮助他们更好地解决亲子之间的矛盾和问题。

在此过程中,导师组织了一系列家庭互动活动,如亲子游戏、家庭影院之夜等,旨在增进家庭成员间的情感联系。通过参与这些活动,父母学会了更加耐心地倾听孩子的想法。同样,在活动中,孩子也更愿意主动向父母分享自己的内心感受。家庭成员间的情感得到了加强,相互支持的氛围使孩子感到更加安心。

4. 自我认知的全面提升

在家校社共育课程的生涯规划与思维能力训练模块指导下,孩子的自我认知水平得到了全面提升。导师通过生动的案例分析和思维训练帮助孩子更好地了解自己的优势与劣势,清晰地规划未来的发展方向。同时,导师还与孩子共同制定了短期与长期的生涯规划,明确了她在学业及兴趣爱好方面的目标。

在这一过程中,导师运用职业规划游戏、个性化能力测试等多种方法激发了孩子对未来的期待。得益于家庭的支持和导师的引导,孩子逐步摆脱了对学业的焦虑,开始更积极地面对未来的挑战。她开始主动参与各类课外活动,积累社会经验,为自己的未来发展奠定坚实的基础。

5. 社交能力的持续增强

通过学习家校社共育课程中的沟通技巧模块,孩子的社交能力得到了持续的增强。导师利用情境模拟和角色扮演的方式,锻炼了孩子在不同社交场合中的表达能力和应对能力。此外,导师还与孩子一同分析了社交过程中可能遇到的问题,并提供了具体的解决策略。

(四) 反思

1. 关注学生心理健康

在本案例中,孩子的心理健康问题是一个重要因素。面对学业压力和家庭关系的紧张,孩子出现了焦虑、失眠和自残等心理问题。因此,在家校社共育课程的实施过程中，我们应更加关注学生的心理健康状况，及时发现并处理相关问题。

2. 加强家庭与学校的沟通

家庭和学校之间的紧密合作，是解决孩子问题的重要途径之一。本案例中，在家庭和学校的共同努力下，孩子得到了更好的支持和帮助。因此，我们应加强家庭与学校的沟通，共同关注孩子的成长与发展。

3. 提供专业心理咨询支持

在解决孩子问题的过程中，专业的心理咨询支持极为重要。本案例中，专业心理咨询师帮助家长解决了家庭关系紧张的问题，并为孩子提供了有效的心理辅导。因此，我们应在家校社共育课程中为家长提供专业的心理咨询支持，帮助他们更好地应对孩子的心理问题。

4. 深入了解情况是解决问题的关键

通过与母亲的深入交流，我们了解了孩子的具体情况，包括学习状况、情绪变化、家庭环境等。这有助于我们更好地理解孩子的困境，为后续提出解决方案提供了基础。

5. 制定个性化的解决方案是解决问题的有效途径

根据孩子的具体情况，我们提出了一些针对性的建议和解决方案。例如，建议母亲与女儿进行深入的沟通，了解她的真实想法和需求，给予她适当的支持和鼓励；建议家长寻求专业的心理咨询帮助；为家长提供家校社共育课程中的亲子沟通课程和厌学教育课程等。这些解决方案针对孩子的具体问题，有助于解决家庭关系紧张和沟通障碍等问题，并帮助孩子找到有效的学习方法和指导。

【案例三】六年级孩子脾气暴躁

（一）案由

一位六年级孩子的家长向导师寻求帮助，她反映自己的孩子在过去一年里变得越来越易怒和暴躁。家长描述称,她的孩子过去一直非常开朗,但随着年龄的增长,孩子的情绪控制变得越来越困难。在学校,孩子经常与同学发生冲突,有时甚至会动手打人。在家中,他也常对父母大声喊叫,表现出强烈的反抗情绪。

孩子的情况引起了导师的关注。为了更深入了解孩子的具体情况,导师与家长进行了详细的交流。通过与家长的沟通,导师发现孩子面临很大的学习压力。随着进入更高年级,学科的难度增加,孩子的成绩不再如以前那样优异,这让他感到极度受挫。同时,他在与同学的交往中也遇到了困难,感到被孤立,进而更加自卑。这些负面情绪累积起来,导致孩子变得易怒和暴躁。

此外,导师还注意到孩子的家庭环境存在一些问题。父母因工作繁忙,很少有时间陪伴孩子,他们对孩子的教育主要依赖于严格的管教措施。一旦孩子犯错,他们便会严厉批评,有时甚至会采用体罚,却不会认真倾听孩子的需求和想法。这种情况使孩子感到不被理解,情绪无法得到有效释放,进一步加剧了他的暴躁行为。

(二)过程与策略

1. 营建支持和理解的环境

在家校社共育课程的支持下,导师邀请家长和孩子进入一个开放、理解的环境中,通过家庭会议、亲子活动等方式,创造了一个能够自由表达情感和需求的氛围。导师采用开放式提问、积极倾听和情感表达的技巧,助力家庭成员更好地理解彼此,促进更深入的交流。在这样的环境中,家长学会了更有效的表达方式,而孩子也获得了更多表达真实感受的机会。导师引导家庭成员共同构建一个温暖、包容的氛围,帮助孩子更自由地分享内心体验。

2. 制订情绪管理计划

在支持和理解的情境下,导师邀请情绪管理方面的专业人士帮助家长和孩子一起制订情绪管理计划。该计划涵盖具体的目标、策略和步骤，旨在应对孩子的情绪问题，如识别情绪触发因素、学习冷静技巧、寻求社会支持等。在计划制订过程中，导师依托家校社共育课程中的情感教育模块，为家庭成员提供具体、有针对性的指导。这一情绪管理计划根据孩子的个体需求量身定制，以促进家庭成员更好地理解和应对孩子的情绪挑战。

3. 教授情绪识别与处理技巧

导师邀请专业人士向家长和孩子传授情绪识别与处理的技巧，如情绪标签化、深呼吸、积极思考等。这些技巧有助于他们更好地识别和理解自己的情绪，并采取有效的应对措施。在教授过程中，导师结合家校社共育课程中的实际案例，通过案例分析的方式，使家庭成员具体理解和掌握这些技巧，并应用这些技能，建立更健康、积极的情感氛围。

4. 鼓励积极表达和倾听

导师鼓励家长和孩子积极表达自己的情感和需求，同时学会倾听对方的观点和感受。通过促进积极的情感表达和倾听能力，帮助家庭成员建立更紧密的情感联系。同时，导师让家长亲身体验孩子的情感世界，深化理解，使家校共育课程中学习到的沟通技巧更自然、深刻地融入家庭生活。

5. 角色扮演与模拟

为了帮助家长和孩子更好地理解与应对情绪问题，导师采用了角色扮演与模拟的方法。通过模拟孩子面对情绪问题时的表现，家长能够更深刻地理解孩子的感受与需求，并学习如何更有效地与孩子进行沟通。同时，孩子亦通过角色扮演，学习到了如何表达自己的情感和需求，以及如何处理与他人冲突。

6. 定期评估与调整

情绪改善是一个较为漫长的过程。因此，在实施情绪管理计划的过程中,导师定期对家庭成员进行评估和反馈。根据反馈结果,导师会指导家长和孩子调整计划,以确保其有效性和针对性。若孩子情况有所改善,则导师可能减少心理支持与辅导的频率;反之,若孩子情况未见明显改善,则适当增强干预措施。定期评估与调整不仅是导师的监督过程,更是家庭成员间的互动与合作。导师鼓励家长和孩子共同参与评估,分享他们的感受与观察。通过利用家校社共育课程的资源,导师还向家庭提供更多的实际案例,以帮助他们全面理解孩子的情感发展过程。

(三) 实践成效

1. 增进家庭成员之间的理解与信任

通过导师的干预措施,家庭成员之间的理解与信任得到了显著提升。他们学会了如何更有效地倾听与理解彼此的需求和感受,并共同应对孩子的情绪问题。这种积极的沟通和情感支持有助于增强家庭凝聚力和幸福感。家庭成员的积极沟通和情感支持不仅要在问题发生时,更要在孩子日常生活的方方面面中都有所体现。导师指导家庭成员运用所学习的沟通技巧,深化日常生活中的亲密关系,为孩子的心理健康奠定了坚实的基础。

2. 提高情绪管理能力

在导师的指导下,孩子学会了更有效地识别、理解和处理自己的情绪问题,并学会了在情绪激动时能冷静下来,采取有效的应对措施,从而避免情绪失控。同时,家长也通过家校社共育课程学习到了更科学、更理性的情感引导方法。他们了解了如何更好地满足孩子的情感需求,为孩子提供更有力的情感支持。这使得家庭成员在共同应对情绪问题的过程中变得更为协调,共同营造了一个稳定且温馨的家庭环境。

3. 提升学习成绩与增强学习能力

在家校社协同育人的过程中,孩子的学习成绩逐渐提高,并学会了更有效地管理学习时间、制订学习计划和采用有效的学习方法。同时,家长对孩子的学习进步给予了更多的关注,为孩子提供了必要的支持与鼓励,而不再是只关注考试成绩。这种积极的学习氛围增强了孩子的学习能力和自信心。

4. 丰富社交经验

导师通过组织家庭参与社区活动和社交训练等方式,培养了孩子更好地融入社交场合的能力。这不仅扩大了孩子的社交圈,也为他提供了更多的交流平台。家长通过家校社共育课程学习到了更科学、更有效的引导孩子社交的方法,了解了如何更好地促进孩子与他人建立友好关系,帮助孩子与同龄人之间进行良好的互动。这种社交技能的培养,有助于孩子在未来更好地适应社会环境,建立更健康的人际关系。

5. 增强家庭功能和家庭满意度

通过导师的干预措施,家庭功能得到了显著增强。家庭成员之间的沟通与合作变得更加顺畅,能共同应对孩子的情绪问题。同时,家庭成员对彼此的理解和支持也得到了提升,家庭满意度随之提高。这种积极的家庭氛围有助于促进孩子的健康成长和学习进步。

(四) 反思

1. 深入了解孩子

在处理孩子的情绪问题之前,我们需要深入了解孩子的个性、喜好、需求和困惑。每个孩子都是独一无二的,只有通过与孩子建立信任关系,才能真正了解他们的内心世界,这为制定有效的干预措施奠定了基础。

2. 多元化干预措施

针对孩子的不同问题,需要采取多元化的干预措施。例如,除了提供心理支持和辅导,还可以鼓励孩子参加课外活动、与同龄人交往,以及培养兴趣爱好等。这些措施可以帮助孩子放松身心、增强自信,并提高情绪管理能力。

3. 家庭与学校、社会的合作

家庭、学校和社会是孩子成长的重要环境，三者之间的合作对孩子的心理健康至关重要。家长和教师需要密切沟通，共同制定教育策略，关注孩子的情绪变化和学习进步。必要时，可以寻求专业人士或社会机构的帮助。同时，家庭、学校和社会也应为孩子树立积极的榜样，教导他们如何正确表达情感、处理冲突和建立健康的人际关系。

4. 长期关注和支持

解决情绪问题需要时间和持续的努力。导师和家长应该对孩子的情况保持长期关注，定期评估干预措施的效果，并根据需要进行调整。同时，家长和教师应该给予孩子更多的支持和鼓励，帮助他们建立积极的自我形象，增强自信心。

5. 自我成长与反思

作为教育者和家长，我们也需要不断地反思自己的行为和教育方式，通过不断学习和成长，掌握相关的心理知识和情绪管理方法，提高自己的情绪管理能力，以便更好地引导和教育孩子。同时，我们也需要关注自己的心理健康，避免在孩子面前吵架、说脏话，防止将负面情绪传递给孩子。

【案例四】九年级女生情感压抑

（一）案由

一位九年级的女生近期表现出明显的情感压抑症状。据家长反映，孩子的学习成绩近期明显下滑，她不愿意与家长交流，并且在社交中也表现出退缩、回避等行为。导师在观察中发现，该生在课堂上也变得沉默寡言，不积极参与课堂讨论。通过深入了解，导师发现该生的情感压抑主要源自以下几个方面。

1. 学业压力

九年级是中考的关键阶段,学业压力随之加大,孩子感到焦虑和不安。

（1）考试频率增加

孩子需要应对更加频繁的考试,这些考试不仅涵盖了各个学科的内容,还要求学生在短时间内做好充分准备,增加了学习的紧迫感和压力感。

（2）学科任务繁重

九年级的学科内容相对较为复杂,各科的知识点增加,难度加深。孩子需要在多个学科中取得良好的成绩,因此需要投入更多的时间和精力来理解和掌握知识,这给她带来了较大的学科压力。

（3）未来规划迷茫

九年级的学生对未来职业和学业规划需要有初步认知,这对孩子来说可能是一个较大的决策,因此也会增加她的焦虑感。

（4）升学压力紧迫

随着中考的逼近,孩子和家长开始对升学问题更加关注。对于一些有明确目标的学生,这阶段的学业表现直接关系到未来升学的可能性,这种压力也加剧了她的紧张情绪。

2. 人际关系

（1）同学关系紧张

孩子面临着与同学之间关系紧张的情况。这可能源于班级中的学业竞争、人际关系不和谐,或是曾经的矛盾积累等。这种同学关系的紧张可能让她感到孤立和无助。

（2）社交技能不足

孩子在人际交往中可能缺乏一些必要的社交技能,例如主动表达自己的观点、有效沟通、妥善解决矛盾等。这可能导致她在与同学交流时感到困扰,不敢或不善于表达自己。

3. 家庭环境

（1）家庭氛围严肃

孩子的家庭氛围较为严肃，家庭成员之间少有轻松的谈笑声。这种严肃的氛围可能使孩子感到家庭不是一个能够自由表达情感的地方，导致了她的沉默和封闭。

（2）过高的期望

家长对孩子的期望较高，这种过高的期望像一座大山，让孩子感到无所适从，她担心不能达到家长的期望，进而陷入自我怀疑和情感压抑之中。

（二）过程与策略

1. 建立信任关系

为了与家长建立信任关系，导师首先进行深入交流，倾听家长的困惑和烦恼。在沟通过程中，导师积极回应并理解家长的问题，表达了对他们的关心和支持。

2. 了解孩子的情感状态

导师与家长共同探讨孩子的情感状态，了解孩子在哪些方面感到焦虑和不安。同时，通过与孩子的交流，以及对孩子的日常观察，导师逐步掌握了孩子的内心需求和困惑。

3. 制定干预措施

根据孩子的具体情况，导师制定了一系列干预措施，包括如下几个方面。

（1）学业支持

为孩子提供个性化学习辅导，帮助她提升学习成绩和自信心。同时，鼓励孩子积极参与课堂讨论，提高课堂参与度。

（2）人际关系改善

鼓励孩子积极参与班级活动和社交，与同学建立良好的人际关系。导师还与班级其他家长沟通，争取他们的支持和理解。

（3）家庭环境调整

建议家长调整家庭氛围,减轻孩子心理压力,给予其更多关爱和支持,理解孩子的情感需求。

（4）心理辅导

为孩子提供专业的心理辅导,帮助孩子正确看待压力,采取积极应对策略。导师引导孩子正确面对情感问题,逐渐走出困境。

（5）定期跟进

实施干预措施过程中,导师定期与家长沟通,跟进孩子进展情况。根据实际情况调整和优化干预措施,确保有效性和针对性。

（6）家校合作

加强家庭与学校的合作,共同制订并执行针对孩子情感问题的干预计划。家长通过与老师的沟通,了解孩子在学校的情况,及时调整干预措施。家长也积极参与学校活动,共同关注孩子的情感发展。

（7）提供培训和支持

在家校社共育课程中,我们为家长提供相关课程和支持,帮助他们更好地理解和引导孩子。课程内容包括家庭教育技巧、心理健康教育、如何与孩子进行有效沟通、如何给予孩子积极的鼓励和支持,以及孩子身心发展特点和亲子沟通技巧等,旨在帮助家长建立良好的亲子关系,为孩子健康成长提供支持。

（8）建立社会支持网络

鼓励孩子参与社会活动和志愿者服务,感受社会的温暖和支持。借助社会力量为孩子提供资源和帮助,如联系社工组织或志愿者团体等,帮助孩子建立积极向上的人生观和价值观。

（三）实践成效

1. 情绪状态明显改善

在心理辅导和家庭环境调整的干预下,孩子逐渐走出了情绪低落的困境,开始更加积极地面对学习和生活,自信心也得到了增强。她能够更好地理解和处理自己的情感,逐渐学会将负面情绪转化为动力。在导师的带动下,孩子建立起了健康的情绪表达和释放机制,能够更好地面对生活中的压力。

2. 学习成绩显著提高

在家长的支持下,通过针对性的学习辅导,孩子的学业成绩有了明显的提升。在课堂上,她能够与同学讨论,并积极举手发言,提高课堂参与度,对学习充满了热情和动力。

3. 人际关系得到改善

在导师和家长的引导下,孩子逐渐学会了与同学建立良好的人际关系,掌握了良好的社交技巧,开始主动与同学交流,积极参与班级活动,并逐渐融入集体。

4. 家庭氛围更加和谐

家长在意识到孩子的情感问题后,及时调整了家庭氛围,更注重给予孩子更多的关爱和支持。通过建立良好的亲子沟通机制,家长学会了更加耐心地倾听孩子的心声,并为她提供积极的引导。此外,家庭中还增加了一些轻松的娱乐活动,促进了家庭成员之间的情感交流。

5. 家校社合作成效显著

通过家庭、学校、社会的密切合作和沟通,三者能够更好地合作育人,共同关注孩子的情感发展,为她提供更多的支持和帮助。

6. 积极参与社会活动

在导师和家长的鼓励下,孩子开始积极参与社会活动和志愿者服务。这让她感受到社会的温暖和支持,也提高了她的社交能力和自信心。

7. 心理成长得到促进

通过专业的心理辅导,孩子逐渐学会了积极应对情感问题和挑战,懂得更好地理解自己、接受自己,并积极面对未来。这对她的心理成长和发展具有重要的意义。

（四）反思

在九年级女生情感压抑问题的家校社共育案例中，我们的干预措施对孩子的情绪状态、学习成绩、人际关系、家庭氛围以及心理成长等方面均产生了显著的成效。然而，在回顾整个干预过程时，我们发现还存在若干可改进之处。

1. 在制定干预措施时，除了考虑孩子的需求和家庭特点外，我们还应关注孩子的兴趣爱好和个性特征，以更好地满足其情感需求。在未来的干预中，我们将与孩子进行更深入的交流，了解她的兴趣爱好和优势，并以此为基础，帮助她挖掘和发展自身潜能。

2. 在实施干预措施的过程中，我们发现家庭氛围的调整是一个长期而复杂的过程。家长需要时间和耐心逐步改善家庭环境，以满足孩子的情感需求。因此，我们将加强对家长的培训和支持，提供更具体的建议和策略，以帮助他们更有效地理解和引导孩子。

3. 加强家校合作是干预成功的关键之一。虽然我们已经取得了一定成果，但家校沟通机制仍有改进空间。我们计划定期组织家长会、家访等活动，促进家长和学校的及时交流与协作，共同关注孩子的情感发展。

4. 社会支持网络的建立对干预成效同样至关重要。尽管我们鼓励孩子积极参与社会活动和志愿者服务，但仍需进一步扩展社会资源，为孩子提供更广泛的支持。我们将与当地社工组织、志愿者团体建立更紧密的联系，为孩子的成长提供更全面的支持。

【案例五】六年级孩子自卑敏感

（一）案由

一名六年级学生向导师寻求帮助，因为在最近一段时间内，她持续感到情绪低落,不敢在课堂上发言,也不与同学交流和玩耍。导师在与该生深入交流后发现,她是一个内心敏感且自卑的孩子,性格内向,偏爱安静,虽渴望融入集体,却因不安全感难以与他人建立深厚的友谊。她业余时间喜欢唱歌和手工活动,但对自己的数学能力感到失望。

此外,童年的经历对她产生了深远的影响。小时候,她不慎被风扇划伤额头,留下疤痕,这让她在同龄人面前感到自卑。过去一年里,她经历了两次骨折,这些经历使她感到与他人不同,加剧了自卑情绪。

在家庭环境方面,父母离异给她的心灵带来了巨大压力。尽管亲生父亲曾承诺送她一辆自行车作为生日礼物,但最终未能兑现,导致她对父亲的信任感降低。她的母亲和继父关系不和,两人常因她而争吵。自从继父有了自己的亲生儿子后,对她的态度也发生了变化,经常斥责她,让她在家中也感到不安全。

在这种背景下,她在学校的表现也受到了影响,遭到同学的欺负和排挤。特别是数学老师的批评,使她在数学课上更加沮丧。然而,她在前后桌和同桌的关系中找到了一些安慰,并与隔壁班的一个好友保持着良好的关系。

(二) 过程与策略

1. 深入了解学生的内心世界

导师持续关注该生的情绪变化,并通过反复深入的对话进一步探究她的情绪波动。在建立起信任的基础上,导师通过细致的提问,深入了解该生对自己外貌和学业的内心矛盾,及这些矛盾如何影响她的日常生活。同时,导师深挖该生在家庭环境中的互动情况,特别是她对亲生父亲和继父的态度,探讨家庭变故对她学校表现的影响及她的适应方式。

2. 倾听和建立信任

导师通过提供情感支持,并采用非评判性的语言和姿态,使该生感受到理解和接纳,确保该生在交流时能放下心理防备,真实地表达感受。

导师逐步引导该生自信表达,并鼓励她分享更深层的情感体验,从而建立更牢固的信任关系,为后续干预提供准确信息。

3. 心理测评的辅助

导师引入多层次心理测评,包括对情绪状态的详细评估和性格特征的深入分析,为干预方案提供具体和个性化的指导。结合测评结果,导师能更准确地了解该生的情绪波动、自我认知和人际关系,精准进行心理支持。

4. 家访和家庭支持

导师定期进行家访,全面了解该生在家中的生活情况。深入家庭能够帮助导师理解家庭动态,发现可能影响该生情绪的因素。同时,导师还与学生家庭建立了合作,共同制订家庭支持计划,提供具体的个性化建议,帮助家长支持孩子成长。

5. 情感表达和释放的方式

导师引导该生尝试音乐、戏剧等不同艺术形式的情感表达,帮助她进行全面的情感释放。通过这些媒介,该生能创造性地表达自己,深化内心认知。同时,学校还组织了情感表达小组活动,让该生与同龄人分享情感,获得共鸣和支持,减轻心理压力,增强归属感。

6. 建立自信心和参与学校活动

导师通过自我认知训练,帮助该生发现学业以外的优势和天赋,鼓励她探索自己的兴趣爱好,发展多样技能。在学校文艺活动中为该生提供角色,鼓励她在社团中发挥特长,提高其对学校集体的归属感和认同感。

7. 学习环境调整和学科辅导

导师加强与数学教师的沟通,明确提出具体的学科辅导需求,以帮助该生在数学学科上建立自信心。鼓励数学教师采取温和正向的评价方法,帮助该生积极参与数学学习。同时,提供全面的学科辅导,不仅关注学科知识的掌握,还重视学习方法和解题能力的培养。通过这种方式,帮助该生在学业上实现全面提升。

8. 同伴关系辅导

介入该生的同伴关系,通过组织小组活动和合作项目等方式,培养她与同学之间更深厚的友谊。利用情境模拟等方法,帮助该生发展积极主动的社交技能,提高她与同龄人的交往能力。同时,引导同学们更多地认识她的优势和特长,通过积极互动,促使同学们更加支持和理解她,减少排斥和歧视。

9. 家校社共育课程的运用

借助学校开设的家校社共育课程,导师与家长共同讨论家庭对孩子成长的影响、学业与心理健康的关系等议题。这些课程旨在帮助家长更深入地理解孩子的需求,提供更有针对性的支持。导师还与家长合作,共同制订家庭辅导计划,分享家庭沟通技巧和冲突解决方法,旨在营造一个支持孩子成长的和谐家庭环境。

(三) 实践成效

1. 情绪调控能力与自信心的提升

通过心理辅导,该生学习到了更有效的情绪调控方法。导师运用认知行为疗法帮助她识别并理解负面情绪,并通过积极的自我对话与放松技巧缓解压力。随着时间推移,该生在面对挑战时逐渐变得冷静和从容。导师还通过自我认知训练帮助她发现自己的优点和潜力,逐步增强自尊心,使她开始更自信地面对同学和老师,不再因特殊经历感到自卑。在心理辅导过程中,该生找到了在学校和家庭中发挥自己优势的方式,增强了自我认同感。

2. 学科成绩的提升和学科兴趣的激发

在数学学科的学习方面,通过专业辅导和教师的支持,该生的成绩显著提高。导师采用个性化辅导方法,专注解决她在数学学习中的疑感,帮助她打下扎实的基础。数学老师的温和评价方式也让她在学习过程中有了成就感,从而激发了她对数学的浓厚兴趣。该生逐渐克服了对数学的恐惧,主动参与课堂互动,并在考试中取得进步,这不仅增强了她的自信心,也提升了她在同学中的形象。

3. 人际关系的改善和同伴关系的和谐

在同伴关系方面,该生不再遭受明显的欺负和排挤。通过导师的同伴关系辅导,以及学校开展的团队活动和合作项目,同学们开始认识并欣赏该生的优点和特长,更愿意理解和支持她。她在班级中找到了支持和安慰,并与其闺蜜的友谊更加深厚。

学校还鼓励该生积极参与文艺活动,帮助其加入合唱团和手工社,这不仅培养了她的兴趣爱好,也让她在学校中逐渐找到了属于自己的位置,不再感到被孤立和排斥,增强了归属感。

4. 家庭氛围的改善和家庭支持的增强

通过家庭辅导和有效沟通,该生的家庭环境得到显著改善。导师与家长共同制订了家庭支持计划,并提供了一系列的家庭沟通技巧和解决冲突的方法,有效缓解了家庭内部矛盾。在了解孩子的需求和心理状态后,父母开始更关注她的情感需求,提供了更多支持。孩子的亲生父亲也开始承担起责任,尽力弥补过去的遗憾,其积极参与让家庭更温暖。母亲和继父的矛盾在导师指导下得到缓解,营造了更融洽的家庭氛围。

(四) 反思

在此案例中,导师在多个方面采取了积极的策略,并取得了一定成效,但同时也面临着一些需要深刻反思的问题和挑战,这对于不断优化干预方案和增强心理支持效果至关重要。

1. 家庭状况的复杂性

鉴于学生家庭状况的复杂性,如父母离异、和继父关系不和谐等这些因素可能对她造成长期心理影响,未来心理支持中需深入了解和介入家庭环境,可能须协调心理专业人士和社会工作者等多方资源,提供全面的家庭支持和辅导。

2. 同伴关系的长期维护

尽管短期内同伴关系显著改善,但对其长期维护和巩固是必要的。导师应考虑定期组织同伴关系辅导活动,如小组项目和合作任务等,促进同学间的理解和友谊,减少潜在的排斥和欺负行为。

3. 情绪问题和自卑感的长期关注

该生的情绪问题和自卑感可能需长期关注和支持。导师需在心理支持方案中制订长期心理干预计划,包括定期心理辅导谈话、情感表达和释放活动等。建议该生参加学校心理成长小组活动,与经历相似的同学分享并互相支持。

4. 多元化心理支持方法

在未来的心理支持中,导师可考虑引入更多元化的支持方法。除了个别心理辅导外,艺术、音乐疗法等创新方法可帮助该生以不同方式表达情感、缓解压力,可能对其心理成长产生积极影响。

5. 家校社共育课程的进一步发展

虽然学校推动了家校社共育课程的发展,但未来还可以进一步发展这些课程,提供更丰富和具体的支持。通过丰富的家校社共育活动,形成更紧密的合作机制,全方位支持学生成长。

【案例六】学业压力引发情绪问题

（一）案由

一名八年级学生的家长向导师求助,反映其孩子最近学业压力过大,情绪波动显著,甚至出现了消极的情绪和行为。家长表示,虽然孩子在学校的考试中成绩优异,但最近突然变得沉默寡言,不愿与家人交流,晚上经常失眠,食欲也有所减退。对此,家长感到极为担忧,担心这种状态会对孩子的身心健康和学业发展造成影响。

经过深入了解,导师发现这名学生在学校的学业成绩一直很突出,但同时也面临巨大的学业压力。他对自己的成绩抱有较高期望,希望能进入顶尖高中,但这种期望逐渐转变为沉重的负担,迫使他频繁熬夜复习,为应对各类考试而牺牲了学习以外的兴趣爱好。

由于过度的学业压力,该生出现情绪波动、沉默寡言、失眠及食欲减退等症状,这些问题不仅影响了他的心理健康,也可能对身体造成负面影响。该生可能长时间处于焦虑和紧张的状态,需要及时的干预,以避免更严重的身心健康问题。

(二)过程与策略

1. 深入交谈与了解

在导师的细心引导下,面对面的深入交谈成了该生及其家长表达内心感受的重要平台。通过提出开放性问题,导师不仅倾听该生的心声,还在对话中逐渐揭示了问题的本质。这样的沟通方式不仅让该生感受到重视,也使家长对孩子的真实状况有了更深入的了解。

2. 学习与生活的平衡

导师通过浅显易懂的方式向该生介绍了学习与生活平衡的重要性,强调身心健康对学业有着积极的影响,并提醒该生不应过分追求完美,鼓励该生合理安排学习时间,并腾出一定时间参与兴趣爱好活动,以促进全面发展。

3. 制订合理的学习计划

导师与该生共同讨论,制订了一份既合理又实际的学习计划。该计划不仅规划了每日学习时间,也合理分配了休息和娱乐时间,设定了可实现的学业目标。同时,导师还给该生介绍了一些科学有效的放松及缓解压力的方法,如深呼吸和适度运动。

4. 应对消极情绪与失眠问题

针对该生的消极情绪和失眠问题,心理辅导老师提出了一系列个性化的解决方案。比如,向该生介绍渐进性肌肉放松法和冥想练习等放松技巧,帮助他缓解紧张;同时,建议家长营造一个轻松和开放的家庭环境,鼓励孩子分享自己的感受。

5. 家校社共育课程的应用

通过学校提供的家校社共育课程,导师向家长详细介绍了心理健康知识和家庭沟通技巧,并与家长一起制订了家庭学习计划。该课程使家长能够参与孩子的教育过程,更好地理解学业压力,并与导师共同探讨如何更有效地支持孩子,形成紧密的家庭支持系统。

6. 积极与教师沟通

导师与该生的科任教师及班主任建立了密切的合作关系。通过与教师的沟通,了解该生在学习和考试中的表现,并提出合理的建议。这种合作模式确保该生在学业上的进步,同时也得到心理健康的支持。教师的关注和积极反馈增强了该生面对学业挑战的信心。

(三) 实践成效

1. 学习计划的调整

在导师的指导下,该生不仅调整了学习计划,还开始对自己的期望进行理性的审视,认识到追求完美并非必要,学会了设定可实现的学业目标,并通过合理安排每日的学习时间、休息时间和娱乐时间,逐步摆脱了原本紧张的精神状态。这种调整使他在学业上变得更加有条理,同时也腾出更多时间投入自己喜爱的兴趣爱好中,使其课余生活更为丰富多彩。

2. 家庭氛围的改善

通过导师的引导及家校社共育课程的实施,家长学会了更好地关注孩子的情感状态,懂得了倾听,不再单纯关注成绩,而是更加重视孩子的内心需求和情感体验。这种改变逐渐改善了家庭氛围,使家庭变得更加温馨和谐。家长与孩子之间的深层次沟通得以建立,孩子也更愿意分享自己的想法和感受,从而在家庭中获得更多的支持和理解。

3. 失眠问题的解决

导师向该生介绍了包括渐进性肌肉放松法和冥想练习在内的一系列放松技巧。通过实践这些技巧,该生的失眠问题得到缓解。他学会了在夜间放松自身,调整心理状态,从而更容易入睡。这不仅提高了他的睡眠质量,也让他白天有更多精力面对学业挑战。

4. 学业与心理健康的平衡

学科老师对该生的关注和支持,对其学业和心理健康产生了积极影响,帮助他逐步适应了学习节奏。老师的积极反馈也增强了他的学习信心。这种平衡让该生在学科竞赛中的表现更加稳定和出色,同时培养了他面对学业挑战时更加积极乐观的态度。

5. 家校合作机制的建立

家庭与学校建立了更紧密的合作关系。通过参与家校社共育课程,家长不仅深入了解了学业压力对孩子的影响,还学会了更有效地支持孩子。学校为学生提供了更多支持和资源,如心理辅导和学科辅导等,建立了以学校、家庭和学生为主体的合作机制,为学生的全面发展提供强有力的支持。

(四) 反思

在本案例中,我们不仅帮助学生缓解了由学业压力引发的情绪问题,也建立了家校合作的机制,形成了更全面的支持体系。然而,在此过程中,我们也发现了一些问题,并从中获得了启示。

1. 学生对自身成绩的过高期望是导致学业压力的主要原因之一。这提醒我们,学校教育不仅应关注学科知识的传授,还应培养学生正确的学习态度和价值观。学校可以开设心理健康教育课程,引导学生正确看待成绩,明确学习的目的应是全面发展,而非仅仅追求高分。

2. 家庭在学生成长过程中扮演着至关重要的角色。通过与家长的深入沟通,我们发现一些家庭对孩子学业的期望也在一定程度上加剧了孩子的压力。因此,学校在制定家校共育课程时,应更多地倾听家长的育人需求,帮助家长正确引导孩子学习,营造轻松和谐的家庭环境。

3. 家校社共育课程也在本案例中起到了积极作用,但我们也意识到,课程的深度与广度尚有提升空间。在未来的课程建设中,我们将开设更系统、更有针对性的课程,以帮助家长更好地理解和应对孩子的心理问题。

4. 在实践中,我们发现学生在调整学习计划的过程中,逐渐重拾了对学习的热情。这说明,在学校的支持下,学生能够自主管理学业,但同时也需要教育者的引导和监督。因此,学校在课程设置和教学管理上,应更加注重培养学生的自学能力和管理能力,使其更好地适应未来的学习生活。

5. 本案例的成功归功于学校、家庭和学生的共同努力。通过家校社共育课程的实施,加强了学校与家庭的紧密合作,双方形成了有机的支持体系。在未来的工作中,我们应继续加强学校、家庭和社会的协同合作,共同致力于学生的全面发展。

第二节　家校社共育课程的实践成效

家校社共育课程是一门旨在促进家庭、学校与社会共同参与,帮助学生全面发展的教育课程。该课程主要针对家长和社会成员,但其核心目标是促进学生的成长与发展。

一、学生发展:全面提升素质和能力

家校社共育课程采用全方位、多角度的教育方法,在家长、教师和社会成员的共同努力下,使学生在知识、技能、情感等多个方面获得全面提升。这种综合性的教育模式有助于学生的全面发展,培养出更全面的人才。

（一）掌握知识

家校社共育课程鼓励并支持家长与教师之间的密切合作,帮助家长更有效地辅导孩子的学习。通过与教师的沟通和协作,家长能够更深入地了解孩子在学校的学习进度和需求,从而提供更有针对性的辅导和支持。同时,家长也能将孩子在家的学习状况反馈给教师,使教师更好地理解学生的学习特点和需求,进而提供更精准的教学和指导。这种合作模式不仅加强了学生对知识的理解和掌握,还提升了学习成效。

（二）增强技能

家校社共育课程强调学生实践能力和技能的培养。在此课程框架下,共建单位、社区及其他社会组织为学生提供了丰富的实践机会,如社会实践、志愿者服务等。通过参与这些活动,学生不仅能够锻炼动手能力、解决问题能力和创新能力,还能在实践中学习成长,将理论知识应用于实际,从而提高技能水平和实践能力。

（三）培养情感

家校社共育课程重视学生情感的培养。通过家长、教师和社会成员的关爱与支持，学生能够建立自信，发展良好的社交能力。家长和教师通过与学生的沟通和互动，可以了解学生的情感需求和心理状态，提供适时的关心和支持。此外，学校、社区、共建单位等还可通过提供丰富多彩的文娱活动，让学生在参与中体验成长的快乐和成就感。这些关爱和支持有助于学生树立积极的人生观，培育情感智慧和社会责任感。

二、家长参与：深化教育理解和有效支持

家校社共育课程对家长参与的重视，彰显了教育的全面性与深入性。家长作为孩子的第一任教师，在孩子的成长和教育中扮演着不可替代的角色。

（一）增强教育意识

家校社共育课程鼓励家长积极参与孩子的教育过程，与学校及社会携手，共同应对孩子成长过程中的挑战。这不仅增强了家长对孩子的关注和理解，还提升了他们的教育意识与能力。在此课程中，家长有机会与教师及其他社会成员共同学习交流教育知识，分享经验和观点，为学校教育和社会教育提供宝贵的反馈意见和建议。此外，家长能够通过课程更深入地了解教育目标和要求，掌握新的教育方法和技巧，学习如何更有效地辅导孩子学习和培养孩子的综合素质。这种互动式学习模式能够提升家长的教育素养和意识，更好地支持学校与社会的教育工作。

（二）有效支持孩子

通过家校社共育课程，家长能够了解孩子在每一发展阶段的学习特点和需求，学会如何与孩子进行有效的沟通和互动，建立良好的家庭关系。同时，家长还能与学校教师及其他专业人士共同制订孩子的教育计划和成长目标，共同关注孩子的成长需求和兴趣特长。利用家庭、学校

和社会的资源,家长可以为孩子提供丰富的实践机会和文化体验,帮助孩子拓宽视野,培养综合素质。这种全方位的支持有助于增强孩子的自信心和学习动力,促进孩子全面发展。

(三)促进家庭与学校的合作

家校社共育课程提供了一个平台,为家庭与学校共同参与学生教育提供了机会。通过课程的设计和实施,加强了家庭与学校之间的合作与沟通,提升了家庭教育和学校教育的针对性和有效性。此外,该课程还促进了家庭与学校之间的资源共享与优势互补,增强了教育的连贯性和全面性,提高了学生的学习效率。

三、社会融入:强化社会意识和改善教育环境

家校社共育课程紧密地将学校、家庭与社会连接起来,促进了社会资源的共享与整合,并提升了社会对教育的关注度和责任感。

(一)增强社会意识

家校社共育课程为学生提供参与社会活动和公共事务的机会,引导他们深入社会生活,帮助他们理解社会现象和面临的问题,进而增强其社会意识。通过参与志愿者服务、社区活动、政治选举等,学生能够理解社会运作机制,认识到自身的权利和义务,意识到个人行为对社会的影响。通过观察、分析和解决社会问题,学生不仅能够更深入地认识社会,也能够适应社会。此过程中,他们还将形成积极的社会态度和价值观,拥有强烈的社会责任感,成长为有责任心、有担当的公民,为社会的未来发展贡献力量。

(二)培养社会技能

家校社共育课程着重于培养学生的社会技能,涵盖人际交往、团队合作、社会实践等方面。通过组织各类社会实践活动,如社区服务、实地调查、文化交流等,学生可以在实践中锻炼和提高社会技能,增强实践能

力。这些技能对学生将来的社会生活和职业发展具有极其重要的价值。

（三）促进文化交流

家校社共育课程促进了不同文化之间的交流与理解。通过引导学生参与多元文化活动和社会实践，可以帮助他们了解不同地区和文化背景下人们的生活方式和价值观，增强跨文化交流能力。这种文化交流有助于学生更好地适应全球化时代的社会生活。

（四）改善教育环境

家校社共育课程通过加强社会、学校和家庭之间的沟通与合作，帮助社会更准确地理解学生的需求和特点，提供更精准的服务和支持，从而改善教育环境。在家校社共育课程的实施过程中，学校和家庭可以与社区、共建单位或其他社会组织建立合作关系，共同开展教育活动和实践项目。这种合作不仅为学生提供了更广阔的学习空间和机会，促进他们的全面发展，也有助于提升教育质量和效率，推动教育创新和发展。

四、学校实践：拓展教育资源与深化教育改革

家校社共育课程通过学校、家庭与社会的紧密合作，积极拓展教育资源，向学生提供更为丰富和多元化的教育体验。此外，该课程还有助于推进教育改革的深化，从而提升教育质量。

（一）开发教育资源

在家校社共育课程的实施过程中，学校可以邀请家长及社会专业人士来校举办讲座或培训，使学生接触到更为多元的知识领域。这些专业人士可能来自科技、文化、艺术、体育等多个领域，他们的经验与知识能够让学生开阔视野，提供启发。此外，学校还可以与社区、共建单位等社会组织合作，建立实践基地或拓展课堂，让学生有机会将所学知识应用于实践，以培养其实践能力和社会责任感。这些实践基地包括社区文化中心、科技馆、博物馆、艺术中心，甚至企业生产线或农村农田等，学生能够直接体验和感受知识的实际应用。

（二）开展个性化教育

学校根据学生、家长和社会的需求，可以开发有针对性的家校社共育课程。例如，通过建立学生成长档案，记录学生的成长历程和表现，及时发现学生的学习困难和问题，与家长合作提供针对性的支持和帮助。这种个性化教育方式能更好地满足学生的个性化需求，提升学习成效和成就感。同时，学校还可根据学生的特点和需求，提供个性化辅导和指导，如学习技巧、心理疏导、职业规划等，为学生提供更全面和有效的支持。

（三）推动教育改革和创新

家校社共育课程中，学校可以与家庭和社会合作探讨教育问题，分享教育经验和资源，共同研究并实施新的教育策略和方法。这种合作模式促进了学校的创新和发展，提高了教育的适应性和有效性。例如，通过与家庭的合作，学校可开展各种课外拓展活动，如文化节、科技竞赛、社会实践等，以促进学生全面发展。同时，通过与社会的合作，开展社区服务项目、志愿者活动、劳动教育等，既培养了学生的社会责任感，也增强了学生的实践能力。

第六章　家校社共育课程的未来展望

第一节　家校社共育课程的未来挑战

一、环境变化与挑战

随着社会的发展与科技的进步,家校社共育课程所面临的环境亦在不断变化之中。数字化、信息化与智能化的快速发展不仅为家校社共育课程带来了便利与灵活性,还引入了在线教育平台、学习应用软件等多元化的教学工具,极大地拓宽了学习的时空边界。然而,挑战也随之而来,包括如何保证教育资源的合理利用、防范信息不对称与数字鸿沟的产生,以及确保每位学生都能平等受益等。同时,我们亦需关注如何合理利用现代科技提升家校社共育课程的效果,及防止科技带来的负面影响。

（一）数字化与智能化带来的挑战

数字化和智能化技术的蓬勃发展为家校社共育课程带来了巨大的机遇,同时也引发了一系列新的挑战。关键问题包括如何在数字化和智能化的浪潮中灵活运用这些技术实现教育目标,并保障学生的身心健康。

首先，数字化和智能化技术提供了更灵活和个性化的教学手段。在线教育平台、虚拟教室等工具使学生能够在任何时间、任何地点进行学习，有效提升学习的灵活性。然而，在数字化环境下，如何在海量信息中筛选、辨别有益于学习的内容，成为亟待解决的问题。

其次，个性化教学的实现依赖于大量个人数据的收集，这关乎隐私和数据安全问题。学生的学习轨迹、兴趣爱好等个人信息的收集和分析，有助于更好地实施因材施教，但必须建立严格的隐私保护机制，确保学生个人信息的安全与合法使用。

另外，数字化学习环境可能导致学生过度沉迷网络和接触不良信息。如何引导家长和社会有效监护学生的网络使用，教育学生在数字环境中培养健康的学习习惯，成为亟须解决的社会问题。家校社共育课程应加强对家长的教育，提高他们对数字媒体的认识，协助学生建立正确的网络行为规范。

（二）教育资源的普及与均衡问题

尽管数字化与智能化技术在教育领域获得了迅速发展，但教育资源的普及与均衡问题依然存在，这对教育公平有着重要影响。在推进家校社共育课程数字化与智能化的过程中，需要着重关注如何解决资源不均衡的难题，确保每位学生都能平等享用高质量的教育资源。鉴于不同家庭文化背景下学生对于数字化与智能化教育的认知与接受度存在差异，家校社共育课程的设计须充分考虑多元文化因素，保障教育资源供给能紧贴学生的文化需求，以缓解由文化背景差异引发的资源不均衡问题。

此外，社会资源的分布不均也是一个亟待面对的挑战。部分社区可能拥有较丰富的社会资源，例如多样的实践机会、专业的辅导支持等，而其他社区则可能相对缺乏。家校社共育课程在数字化与智能化推进过程中，应致力于缩小这些社会资源差异，以确保每位学生都能平等地从丰富的社会资源中受益。

（三）教育观念的更新与转变

随着教育环境的变化，教育观念亦需随之更新与转变。家校社共育课程应倡导以学生为中心、注重学生综合素质发展、关注学生学习体验的教育理念，并树立正确的数字化与智能化教育观念，避免技术至上和对数字化教育的过度依赖。

首先，以学生为中心的教育理念强调将学生置于教育活动的核心，关注并满足其个性化需求与兴趣，从而激发学生的学习主动性，促使其积极参与学习过程，充分发挥个体潜力。

其次，注重学生综合素质的发展应体现教育目标的多元性。教育不仅要传授学科知识，更要致力于培养学生的创新力、批判性思维和团队协作精神等综合素质，以期学生在多领域获得全面提升，更好地适应未来社会的挑战。

再者，关注学生学习体验成为重要评价指标，积极的学习体验可激发学生学习兴趣和动力。家校社共育课程应致力于创造积极的学习环境和提供优质学习资源，使学生体验到学习的乐趣与成就感。

在数字化与智能化方面，正确的教育观念应视技术为辅助教育的工具而非教育的终极目标，避免技术至上和对数字化教育的过度依赖，确保技术更好地服务于教育过程，为学生提供更丰富多样的学习体验。

（四）教育公平与质量保障

数字化与智能化教育的发展，在促进教育普及和提高教育效率的同时，也存在加剧教育不公平和扩大教育差距的风险。在教育领域应用数字技术可能引发数字鸿沟，特别是一些地理位置偏远、经济条件较差或技术资源缺乏的家庭及社区，可能无法为学生提供充足的数字化学习支持。因此，家校社共育课程应重点关注并努力缓解或避免数字鸿沟问题，确保每个学生都能平等享受到数字化教育所带来的便利和益处。

此外,数字化与智能化也将导致教育质量面临新的挑战。数字化与智能化教育的多样化实施可能导致学生之间在教育质量上的差异,家校社共育课程的目标之一是在此背景下保障教育质量的基本一致性,尽可能避免技术水平、资源配置等因素导致的教育不公平现象。实现这一目标,需要教育者、技术提供者和政策制定者之间的紧密合作,通过有效的策略和措施,包括提供高质量的教育内容、优化教学方法、加强教师培训、改善技术设施和资源分配等,确保每个学生都能接受到公平且高质量的教育。此外,应通过持续监测和评估教育实践,及时发现并解决教育过程中出现的不公平和质量问题,以促进教育公平与质量的双重提升。

二、需求多元化与个体差异

随着社会经济的发展和文化的多元化,家庭和社会对家校社共育课程的需求也日益多元化,个体差异日渐显现。如何满足不同人群的需求,制定既能满足大多数人需求又充分考虑个体差异的课程,成为家校社共育课程面临的重要挑战。

（一）多元化的教育目标

不同家庭对家校社共育课程有着不同的期望和需求。有些家庭可能更注重学生的知识学习,有些可能更关注学生的身心健康,有些可能更注重学生的社会交往能力培养等。家校社共育课程需充分考虑这些多元化的教育目标,设计出能够满足不同需求的课程内容。

（二）家长参与度的差异

家长对家校社共育课程的参与度也因个体差异而不同。有些家长可能非常积极地参与课程的设计和实施,而有些家长可能只是被动地参与或者根本不参与。在这种情况下,如何激发家长的积极性,满足不同家长的需求,是家校社共育课程在设计和实施中必须要考虑的问题。

（三）社会期望的多元化

社会对家校社共育课程的期望呈现多元化趋势。例如，社会对于学生的评价标准不仅包括学业成绩，还包括学生的道德品质、体育特长、艺术表现、社会交际等多方面。如何协调不同的社会期望，制定既能满足大众需求又充分考虑个体差异的课程，是家校社共育课程需要关注的问题。

（四）个性化和差异性

考虑到每个学生及其家长的个性与差异，家校社共育课程需要为每个学生及其家长提供个性化的服务和支持。例如，为不同学生提供个性化的学习计划和资源，为不同家长提供针对性的教育和培训。

（五）多元参与和合作

鼓励包括学校、家庭、社区、共建单位、社会组织等在内的多方参与和合作，是家校社共育课程的一个重要方面。如何协调各参与方，使其发挥各自的优势，实现共赢目标，是课程必须面对的挑战。

三、社会认知度和参与度

提高家校社共育的社会认知度和参与度，以及促进社会各界对家校社共育的关注和支持，是家校社共育课程面临的重要挑战。以下是针对挑战的具体分析及建议。

1. 缺乏社会共识。在家校社共育课程的实践过程中，可能会遇到来自不同社会群体的意见分歧。为增进社会各界对家校社共育理念的了解和认同，应积极开展宣传和教育工作，通过媒体、公共讲座、研讨会等方式，逐步建立社会共识。

2. 社会参与积极性不高。针对社会成员参与积极性不高的问题，可以通过举办家长讲座、亲子活动、社区志愿者服务等多样化的活动吸引社会成员参与。同时，通过宣传和奖励等方式激发各方参与热情。

3. 社会资源整合不足。家校社共育课程的实施需充分整合社会资源。应加强与社会各界的联系和合作，通过建立资源共享平台，积极挖掘和利用各类社会资源，为课程提供支撑。

4. 社会支持和监督不足。为确保家校社共育课程的有效实施，需加强与政府、企业、社会团体的沟通合作，争取更多支持。同时，建立和完善监督机制，保障课程质量和效果。

5. 参与意识的差异。针对不同社会成员参与意识的差异，应通过教育和宣传提升公众对家校社共育重要性的认识，明确社会参与的途径和机会，鼓励更多人参与。

6. 社会角色分配不合理。应建立有效的协调和沟通机制，明确各参与方的角色和责任，充分发挥各方优势，避免资源浪费和效果不佳，以实现资源的合理分配和利用。

总之，家校社共育课程的成功实施需要社会的广泛认知和积极参与。通过加强宣传教育、激发社会参与积极性、整合社会资源、增强社会支持和监督、提升参与意识和优化角色分配，可以有效提升家校社共育的社会认知度和参与度，促进其健康发展。

四、难以量化和衡量效果

家校社共育课程的效果难以量化和衡量，主要原因在于其效果的显现需要较长时间，且受多种因素影响，简单归因和评价并不可行。因此，课程设计和实施面临的挑战也是多方面的。

（一）效果评估的主观性和不确定性

量化和衡量家校社共育课程效果时，通常需要对参与者进行观察、评估和反馈。由于家庭教育与社会教育成果多为隐性，不同于学校教育的显性效果反馈，加之个人主观因素和环境不确定性的影响，精确量化结果并形成评价反馈颇具挑战。

（二）长期效果的追踪难度

家校社共育课程的效果可能需经年累月才能显现，追踪和评估这些长期效果需要大量的时间、人力和资源，且难以保证追踪的连续性和准确性。因此，对长期效果的追踪面临挑战。

（三）不同参与者的多元需求

参与家校社共育课程的家长、教师和社会人士等各有不同的需求和期望，这些多元需求使得用单一指标衡量课程效果变得复杂，难以用一个统一的标准去衡量课程的育人实效。

（四）实践操作的复杂性和动态性

在家校社共育课程的实施过程中，可能遭遇复杂且多变的情况，如参与者的参与度、反馈、互动等，这些因素可能正面或负面影响课程效果，但这些影响难以事先预测和控制。

（五）难以量化的教育环境改善

家校社共育课程可能促进教育环境改善，如提升教学质量、增强学生学习动力等，但这些改善效果往往难以用数据具体衡量，增加了课程评估的难度。

第二节　家校社共育课程的发展目标

一、建立多元化和个性化的评价体系

家校社共育课程应致力于促进学生的全面发展,并建立一个多元化及个性化的评价体系,以全面、客观和科学的态度来评估课程的育人价值。此评价体系不仅有助于提升课程质量,还能增强家长的自我认识和反思能力,激发其学习的主动性和积极性。在评价内容方面,除了常规的对教师和课程内容的评价,更应关注家长学习效果及其行为的改进,以提高课程的针对性和有效性。在评价手段的设计上,应充分利用现代信息技术,以提高评价的实效性和过程性。评价体系应涵盖学校评价、家庭评价、社会评价等多个维度,并重视过程性评价与发展性评价的结合,以更准确地反映课程的实施效果及其对各方的促进作用。

家校社共育课程的核心教育对象虽为家长和社会成员,但评价主体也应包括学生。这是因为课程的最终目的在于通过提升家长及社会成员的育人能力,来增强学生的核心素养和促进其全面发展。

（一）家长反馈调查

在实施家校社共育课程的过程中,定期开展家长反馈调查是必要的,以收集家长对课程内容、教学效果的意见和建议,及其对新课程内容的需求。通过在线问卷、电话访谈等手段,不仅可以深入了解课程实施情况,而且有利于提升教学质量。进行调查时,应明确调查目标和重点,并选择适宜的方式,以确保所有家长的参与。随后,对收集的数据进行深入分析,并与校领导、教师、家长等共享调查结果,共同探讨改进策略和未来发展计划。制订计划后,应有序实施改进措施,并对效果进行跟

踪评估,以保证改进工作的持续性和有效性。如遇效果不佳或新问题,应及时调整方案,确保课程质量的持续提升。

(二)社会参与评价

邀请社会各界人士参与家校社共育课程的评价是一个重要的步骤,其中包括教育专家、社区成员代表等。这些人士能够基于丰富的经验从多样化的视角对课程进行深入分析和评价,进而提出建设性的建议和意见,有助于课程的持续改进与发展。社会的广泛参与不仅有利于更全面地理解家校社共育课程的教育理念、教学内容和方法,也加强了社会对该课程的监督和支持,促进了家庭、学校与社会的协同进步。这样的合作与交流能够更有效地推动学生的全面发展。

(三)学校创新评价机制

学校在家校社共育课程的实施过程中,应成立专门的评价小组,由校长、教师、家长及社会人士等共同组成。以家长和社会成员的育人能力为基础,以学生全面发展为导向,制定明确的评价指标和标准,定期对课程进行评估和反思。同时,创新评价机制,引入多元化的评价方式,如除了传统的问卷调查、座谈会外,还可以利用大数据和人工智能技术进行数据挖掘和分析,深入了解参与者的学习情况、兴趣偏好等。此外,通过模拟真实的家庭、社会环境和育人场景,评价家长和社会成员的实际育人表现,是评价机制创新的另一方面。确立有效的信息反馈机制,将评价结果及时反馈给所有相关人员,并据此调整和改进,对于提升课程质量至关重要。

(四)学生自我评价

学生的自我评价对于了解家校社共育课程对其素养提升和全面发展的影响尤为重要。可以分阶段向学生发放调查问卷,了解他们对课程的感受、看法。问卷内容可以包括父母行为的改变、家庭教育氛围的变化、个人收获等方面的问题。通过问卷反馈,能够有效发现课程的不足并进行改进。此外,学校还设立了学生观察员,对课程进行过程中的同伴行为进行观察,并定期收集同学们对课程的反馈。这不仅能增进对课程效果的了解,也有助于改善家庭教育氛围,增强家庭教育的科学性。

二、丰富和拓展课程内容

家校社共育课程必须随着时代的发展不断更新和丰富,以满足家长、社会成员与学生的不断变化的需求。

（一）增加科技元素

随着科技的进步,将科技元素融入家校社共育课程变得可行且必要。利用虚拟现实(VR)、增强现实(AR)技术为家长和社会人士提供直观生动的学习体验,跳脱传统言语教学的限制。同时,应用人工智能(AI)进行数据分析,为家长定制个性化的教育建议和资源推荐。这些科技应用不仅增加课程的趣味性和吸引力,还能有效提升家长的知识理解和掌握能力,进而提高课程质量和实效性。

（二）组织实践性和项目化活动

实践是检验家校社共育课程成效的重要手段。通过组织实践性和项目化活动,可以将家庭教育的成效具象化,从而更直观地观察到课程效果。学校、社区、社会组织及共建单位可以共同举办社区服务、环境保护、社会调查等活动,让家长和孩子共同参与。通过观察家长在活动中的教育行为及孩子展现的素质和能力,可以直接评估家校社共育课程在家庭教育中的实际效用。

（三）促进文化交流和多元发展

面对全球化趋势,教育应具备全球视野,吸收国内外先进教育理念和模式。通过组织文化交流活动,如教育交流会、教育文化展示等,让家长和社会人士接触不同地区的文化和教育特色,促进孩子的多元发展。引入国际先进教育理念,如芬兰的"现象教学",拓宽家长和社会人士的视野,通过讲座和研讨会让专家、家长共同探讨如何将这些理念融入日常生活。同时,在课程中引入多元文化元素,如不同国家的文化传统,助力家长和社会人士更全面地了解世界,为孩子开拓更广阔的视野。

(四) 构建多元化学习资源库

在实施家校社共育课程过程中,学校需构建具备家校社共育特色的多元化学习资源库。该资源库应包含视频、音频、电子书及研究报告等多种形式。同时,学校应将收集与整理的资源依据主题与形式分类,并建立资源库目录与检索系统。例如,可将资源分为"家庭教育指导""学校—家庭—社区合作""家庭教育案例"及"教育资讯与政策"等类别,旨在为家长和社会人士提供丰富多样的学习资源与支持。随着教育改革的深入及家庭教育理念的演变,学校还需定期对资源库进行维护与更新,引入新的资源,淘汰陈旧内容,比如引入新的家庭教育理念与方法、新的家校合作模式等。

在构建多元化学习资源库时,应重视资源的筛选与整合,避免资源重复与无序堆积。针对不同学习需求,应提供多样化的学习资源,以满足各类学习者的个性化需求。此外,还应建立科学的资源分类与管理体系,便于学习者快速查找并获取所需资源。

三、深化家校社合作,形成全面的教育网络

家校社共育课程旨在增强家庭与社会的育人能力,通过深化家校社之间的合作,提升合作水平,从而促进孩子核心素养的提升,支持孩子的全面发展。因此,该课程着重以促进学生全面发展为目标,强调家庭、学校与社会的共同参与,共同构建全面的教育网络,以满足育人对象的全方位需求。通过深度合作,共同制订教育计划和目标,确保学校、家庭与社会在育人过程中有一致的教育理念和价值观,且能在育人过程中得到彰显。

　　实施家校社共育课程，也是推动素质教育发展的重要途径。通过提升家长和社会人士的素养，对学生进行道德品质、学习能力、创新精神和实践能力等方面的培养，注重学生的个性化发展，让学生在适合自己的环境中充分发挥潜力。

　　此外，家校社共育课程应整合社会教育资源，融入社会教育网络，为课程提供更多的支持与服务。例如，利用图书馆、博物馆、体育设施等社区资源，开展有利于学生身心健康和全面发展的活动，这也是加强家校社合作的重要手段。

第三节 探索家校社共育课程的未来模式

一、项目制家校社共育课程模式

该模式是以项目为中心,通过家庭、学校和社会的共同参与,培养学生的实践能力和创新思维。

(一)实施步骤

首先,我们需要明确项目要解决的问题或要达成的目标,并据此制订出相应的计划和时间表,具体阐明项目的内容、实施方案、人员分配和资源需求等,确保项目能够按计划顺利进行。其次,根据项目的需求和特色,精心挑选适宜的团队成员。团队可以由学生、家长、教师、学校管理层、社区成员及共建单位成员等组成,目的是实现资源共享和优势互补。在项目计划的引导下,由学生、家长、社会成员和教师共同参与项目活动的组织和执行,活动形式包括调查、研究、设计、制作、展示等。

在项目执行期间,鼓励学生、家长、社会成员和教师之间进行有效的交流和协作,以共同解决遇到的问题,推动项目向前发展。交流和协作的形式可以多样,如小组讨论、研讨会或利用网络平台等。

项目完成后,对项目进行全面评估和总结,内容涵盖项目目标的达成情况、执行过程、成果展示及反思与改进等,从中总结经验教训,为未来的项目实施提供借鉴。

(二)注意事项

1.重视项目设计

项目制家校社共育课程模式强调项目设计的重要性。这意味着项目设计者必须根据学生的实际情况和兴趣来设定既有挑战性又具实际意义的项目。同时，还需要关注项目的可行性与可操作性，避免制订过于理想化或脱离实际的计划。因此，在设计课程时，设计者必须深入了解学生的需求和背景，确保项目能够在实践中得以顺利实施，并能够真正促进学生的全面发展。

2. 加强沟通与协作

在这一模式下，加强学生、家长、社会成员及教师间的沟通与协作至关重要。项目实施过程中，应定期进行交流沟通，及时识别并共同解决问题。同时，需重视团队成员间的分工协作，建立有效的工作机制。只有通过密切的合作与沟通，才能确保项目目标的顺利实现，促进学生的全面发展。因此，建立良好的沟通渠道和协作机制是推动项目成功的关键因素之一。

3. 注重实践与应用

项目制家校社共育课程模式着重于实践与应用，强调在项目执行过程中的实际操作和体验，为学生提供必要的实践机会和支持。在这一模式下，学生有机会直接参与项目的策划、执行和评估，这些项目可能是与社区服务相关的，也可能是科学研究或者艺术创作等。通过这样的过程，学生不仅能够获得实际操作的经验，还能够在实践中学习到项目管理、时间管理以及与人沟通协作的技能。此外，学生在项目中遇到的挑战和问题，将促使他们思考并寻找解决方案，这一过程可极大地激发学生的学习兴趣和探索精神。

4. 强调多元化评价

该模式着重采用多元化评价方式，以全面掌握学生的发展情况及项目效果。评价方法包括观察、访谈、问卷调查、成果展示等，旨在获取更全面、客观的评价结果。通过这些手段，可以深入了解学生在项目中的表现与成长，同时也能够有效评估项目的实施效果及对学生的影响。这种综合评价方法有助于更好地指导和优化教学实践，提升教育质量，促进学生全面发展。

5. 加强反思与改进

在项目实施过程中,重视全面反思和总结,以识别问题并探索改进方向至关重要。注重对项目的持续改进与优化,是为了不断提升项目的质量与成效。通过深入的反思和总结,可以发现潜在的问题,并确定改进策略。同时,持续改进与优化可以确保项目在不断变化的环境中保持竞争力,实现长期的教育目标。

二、多元化家校社共育课程模式

该模式突出课程多样性和差异性的重要性,旨在满足不同学生、家长及社会成员的需求。

(一) 实施步骤

1. 确定多元化目标

确定多元化目标在多元化家校社共育课程中具有重要意义,这意味着课程需满足不同学生的需求和兴趣。这些目标可能涉及学术方面的挑战,如提高学生的学科知识和技能,培养他们的批判性思维和问题解决能力。同时,还应包括社交和情感方面的目标,如促进学生之间的合作与沟通,培养他们的团队精神和领导能力。此外,身心健康目标也应被考虑,例如帮助学生养成健康的生活方式和提高情绪管理技能。通过确定多元化的目标,课程能够更全面地满足学生的需求,提供更丰富的学习体验,并促进他们的全面发展。

2. 加强联系与了解

在多元化家校社共育课程模式中,深化学校与家庭、社会的联系具有重要意义。这意味着必须积极与家长和社会各界人士建立有效的沟通渠道,以便更好地了解学生在不同背景下的需求和文化特性。通过这种联系,教育者能够更全面地了解学生的家庭环境、社会背景以及个人经历,从而更好地把握学生的特点和需求,为其提供个性化的教育支持。

在实践中,个性化教育支持包括但不限于为学生提供针对其学习特点和需求的教学方法、课程设置以及学习资源。这需要教育者与家长密切合作,共同探讨并制订适合学生发展的个性化学习计划。同时,还需要借助社会资源,为学生提供更广泛的学习机会和支持,以促进其全面发展。

因此,加强与家庭、社会的联系不仅有助于更好地了解学生的需求和特点,还能够为其提供更具针对性和有效性的个性化教育支持,进而推动教育的发展,提升学生的学习能力。

3. 设计多样化课程

依据学生的兴趣和需求,我们需制订多领域的课程计划,涵盖文化传承、科技创新、艺术体育等方面。通过多样化的课程设置,我们旨在激发学生的学习热情,促进其在不同领域的全面发展。这种综合性的教育模式不仅有助于学生全面发展,还能够更好地满足社会对于人才的需求,为学生的未来发展奠定坚实的基础。

4. 鼓励多元化参与

这一模式鼓励各方积极参与,以促进多元交流与合作,从而提供全面的教育支持。学生因参与课程设计而更加投入,家长则能更好地了解课程内容并提供支持,教师在与家长和学生的密切合作中可以更好地个性化指导学生,而社会人士的参与则为课程注入了更丰富的资源和经验。通过这种共同参与的方式,不仅可以增强各方的责任感和归属感,还能够培养学生的团队合作精神和解决问题能力。这样的教育模式不仅仅是学校内部的教学活动,更是一种社会共同体的教育实践,将更好地推动教育的全面发展。

5. 开展个性化教育

为了满足学生的特点和需求,实施个性化教育计划至关重要。这需要深入了解每个学生的学习风格、兴趣爱好和潜在能力，从而制定针对性的教学方案。通过个性化教育，可以帮助学生充分发掘自身潜能，激发学习动力，增强自信心和创新力。在这个过程中，教师扮演着引导者和激励者的角色，通过与学生密切合作、提供个性化的学习资源和支持，激发他们的学习热情，并引导他们不断探索、实践和创新。个性化教育计划的实施可以更好地满足学生多样化的学习需求，促进他们综合素质的提高和能力的全面发展，为其未来的成长和发展奠定坚实的基础。

6. 实施多元化评价

采用多元化评价方法是多元化家校社共育课程模式中的重要策略。这意味着我们不再仅仅依赖传统的考试评定，还会采用作品、展示以及表演等评定方式，全面评价学生成果。这种方法不仅有助于发现学生的潜能和优势，还能揭示他们存在的不足之处。通过这样的全面评价，我们能够更好地为学生提供指导和支持，促进其个性发展和学业成就的提升。这种多元化评价方法的优势在于能够更准确地反映学生的全面表现，而非仅仅依赖于一次性的考试成绩。因此，我们将积极推动多元化评价方法的应用，以更好地实现学生个性化发展的目标。

（二）注意事项

1. 重视多样性与差异性

在多元化家校社共育课程的设计中，必须全面考虑学生的文化背景、兴趣、学习能力以及发展需求。这意味着课程规划应该以学生个体为中心，提供个性化支持和多样化学习体验。通过深入了解学生的文化传统、兴趣爱好以及学习倾向，可以制定出具有吸引力和实用性的课程内容。此外，需要根据学生的学习能力和发展需求，灵活调整教学策略和评估方式，确保每个学生都能够获得适当的支持和指导。

2. 注重实践与应用

在构建多元化家校社共育课程时，必须着重提供丰富的实践机会和社会应用场景，以促使学生将所学知识在实践中应用。这种以实践为导向的教育方法有助于培养学生的创新力和实践能力。通过让学生参与真实世界的问题解决和社会实践活动，他们将更好地理解知识的实际运用价值，并培养出解决问题的能力和创新思维。因此，在课程设计中，应该注重将理论知识与实践相结合，为学生创造各种机会，让他们能够在真实环境中进行实践探索和应用实践技能。

3. 强调协同与合作

多元化家校社共育课程的设计与实施需要鼓励各方共同参与，加强交流合作，形成共同的目标和利益，以协同推进家校社共育的事业。这意味着学校、家庭、社会等各方应当携手合作，共同参与课程的规划、设计和实施。通过定期召开会议、座谈、建立工作坊等形式，促进各方之间的沟通与交流，从而更好地理解彼此的需求和期待，达成共识。同时，建立起相互信任和合作的机制，为共育课程的顺利实施提供有力保障。在此过程中，各方应当充分发挥自身的专长和优势，相互支持、相互学习，共同打造出符合实际需要、具有创新性和可持续性的家校社共育课程模式。

4. 加强反思与改进

对家校社共育课程的实施过程和结果进行全面反思和总结至关重要。这包括识别课程中出现的问题，并探索改进的方向，以不断提升课程的质量和效果。通过深入分析实施过程中的各个环节，可以确定存在的挑战和障碍，如可能出现的教学方法不够灵活、家长参与度不足或者学生兴趣缺乏。然后，需要针对性地制订改进计划，可能包括增加互动性、加强沟通与协作、提供更多个性化支持等方面。此外，及时收集各方反馈意见，并结合实际情况进行调整和优化，以确保课程能够不断适应学生和家长的需求。这种持续改进的态度和实践可以有效提高家校社共育课程的质量和效果。

三、融合式家校社共育课程模式

该模式致力于将家庭、学校和社会的教育资源进行全面整合与利用,旨在为学生提供综合性的学习体验。

（一）实施步骤

1. 建立融合机制

为促进家庭、学校和社会之间的融合,需要建立一个有效的机制。这一机制包括定期召开联席会议,共同制订教育计划与目标,并就教育方式和方法进行协商等。通过这种联席会议的方式,可以实现各方的密切沟通与合作,确保教育工作能够充分考虑到家庭、学校和社会的各种需求和资源。此外,联席会议也为各方提供了一个共同决策的平台,增进了彼此之间的理解与信任。通过这种融合机制,家庭、学校和社会可以共同努力,为学生提供更加全面和优质的教育服务,培养他们成为具有社会责任感和创新能力的未来领导者。

2. 统一目标和理念

家庭、学校和社会应该共同探讨教育的目标和意义,形成一致的认知,并明确家校社共育的重要作用。这样的共识有助于各方更好地协同工作,充分发挥各自的作用,为学生提供更加全面和有针对性的教育支持。家庭、学校和社会在共享的教育观念指导下,也可以更好地理解彼此的期望和责任,形成良好的教育合作关系。这不仅有利于提升教育质量,也能够培养学生的综合素养和社会责任感,促进社会的长远发展。

3. 加强沟通与协作

强化家庭、学校和社会间的沟通与协作,定期开展交流活动,分享教育经验和资源,共同解决教育问题。这种沟通与协作有助于加强家庭、学校和社会之间的理解和信任,促进彼此间的合作与共享。家长可以更好地了解学校教育的方针政策和教学计划,学校也能够更全面地了解学生家庭的需求和背景,而社会资源的共享则有助于丰富教育内容和拓展教育渠道。

4. 拓展教育资源

借助学校、社区和家庭的资源,为学生提供更加全面的教育支持,是构建融合式家校社共育课程的重要举措。通过充分整合这些资源,可以为学生提供更多元化、更丰富的学习机会和支持服务,拓展教育资源的广度和深度。学校可以提供教学设施、师资力量和课程资源,社会则可以提供丰富的实践活动、社会资源和志愿者服务,而家庭则是学生最直接的支持系统,能够提供情感关怀和个性化辅导。通过有效整合这些资源,可以创造出更具启发性和实践性的教育环境,为学生提供更加贴近实际生活、更具有针对性的学习体验。

5. 统一评价标准

统一家庭、学校和社会对评价标准的认识与实施,建立多元化评价体系。这一体系应该充分考虑到学生的全面发展,包括但不限于学业成绩、社会责任感、创新能力等方面。通过与各方充分沟通与协商,确立共识,以确保评价标准的一致性和公正性。多元化的评价体系应当包括定期考核、项目评估、综合评价等方式,以全面反映学生的各项能力和潜能。同时,为了确保评价体系的有效实施,需要进行培训与指导,使家庭、学校和社会各方都能理解并支持这一体系。

6. 加强反思与改进

加强反思与改进是融合式家校社共育课程的重要环节。在课程实施过程中,需要定期进行评估与反思,审视课程设计与执行的效果,及时发现问题和不足之处。通过收集各方反馈意见,并进行深入分析,可以为课程的改进提供有力支持。在这个过程中,需要充分倾听家庭、学校和社会的声音,建立开放、包容的沟通机制,促进各方共同参与课程改革与优化。同时,也要注重跟踪和评估课程实施效果,根据定期的评估报告和数据分析,及时调整教育策略和方法,确保课程能够不断适应时代的变化和学生需求的变化。

(二)注意事项

1. 重视整体规划

在推进家校社共育的过程中,重视整体规划至关重要。这意味着需要明确家校社共育的意义与作用,并据此制订科学合理的教育计划和目标。通过系统性的规划,可以确保教育工作更加有序和高效。在整体规划中,应当充分考虑家庭、学校和社会各方面的资源和需求,以实现优势互补、资源共享的目标。明确家校社共育的意义与作用,有助于各方更好地理解其在学生发展中的重要性,达成共识,共同推动教育事业的发展。同时,制订科学合理的教育计划和目标,能够为学生提供明确的学习方向,引导他们全面发展。

2. 加强资源整合

我们应充分利用家庭、学校和社会的各种资源,形成教育合力,共同推进家校社共育事业的发展。家庭是学生成长的第一课堂,学校是学生知识的主要来源,社会则提供了广泛的实践场景和资源支持。利用家庭与学校的密切合作,社会资源的广泛引入,以及以技术手段促进资源共享和信息交流等方式,充分整合这些资源,我们可以为学生提供更丰富多彩的学习体验和更全面的成长环境。通过资源整合,可以最大限度地发挥各方的优势,为学生提供更优质的教育服务,促进其全面发展和综合素养的提升。同时,也有助于建立更紧密的家校社合作关系,推动家校社共育事业迈上新的发展台阶。

3. 注重交流协作

在构建融合式家校社共育课程中,交流协作至关重要。为此,必须加强家庭、学校和社会之间的沟通与协作,共同解决教育问题,营造良好的教育氛围。这需要建立起定期的沟通机制,例如打造工作坊,深入讨论教育议题,分享最佳实践,并展望未来的发展方向。此外,还应当建立数字化平台或社区网络,便于各方之间随时交流信息和资源。通过这样的交流协作,可以整合各方的力量与智慧,更好地服务于学生的成长与发展。这种紧密的合作关系有助于提高教育质量,增强社会各界对教育事业的关注与支持,为建设更加和谐、稳定的教育生态环境奠定基础。

4. 加强评价反思

建立多元化评价体系,关注学生全面发展,及时发现问题并寻找改进方向。这一评价体系应该注重学生的全面发展,包括认知、情感、社交和实践等多个方面。通过多种评价方法,如考试、作业、项目表现、参与度等,及时发现学生的问题和潜在需求。此外,评价过程中还应该注重反思,包括学生自我反思和教师团队的共同反思。在反思中深入分析评价结果,找出问题的根源,并寻找改进的方向。同时,评价与反思应该是一个持续的过程,不断地进行调整和优化,以确保教育目标的实现和学生的持续成长。

5. 培养专业人才

建立专业化的培训机制,为有志于从事教育工作的人员提供系统的培训和实践机会。培训内容应包括理论知识、实践技能以及专业素养等方面,以确保其具备全面的教育能力和专业素养。此外,还应加强教育实践与研究的结合,鼓励专业人才积极参与教育领域的研究与创新,不断提升自身的教育水平和专业能力。同时,还需建立完善的评价机制,对专业人才的培训效果和工作绩效进行评估,以持续改进培训体系,确保培养出高水平、高素质的专业人才队伍,为教育水平的提升和教育事业的发展贡献力量。

6. 建立良好的家校关系

增强家庭和学校的信任与合作,尊重彼此的独立性和自主性,加强沟通和协调。学校应积极地与家长交流学生的学习情况和表现,倾听家长的意见和建议,共同制订学生的成长计划。同时,家长也应支持学校的教育工作,积极参与学校活动,与教师密切合作,共同关注孩子的成长和发展。通过建立良好的家校关系,学校和家庭可以携手合作,共同为学生提供更好的教育环境和支持。

7. 避免形式主义

在构建融合式家校社共育课程时,一定要避免形式主义,注重实际效果和质量。这意味着我们不能仅仅停留在形式上的完成,而是要确保课程设计和实施的内容具有实际意义和高质量。为此,需要对教育目标进行明确界定,并通过科学的评估手段来衡量实际效果。同时,要注意避免仅重视形式而忽视内容的现象,确保课程内容的丰富和深刻,以满足学生的学习需求和成长要求。在实施过程中,需要持续关注课程的实际效果,并及时进行调整和改进,以确保课程达到预期的教育效果。只有坚持以实际效果和质量为导向,才能真正实现家校社共育课程的目标。

8. 加强宣传教育

加强宣传教育对于提升家长、教师和社会成员对家校社共育的认识与理解至关重要。这意味着需要采取多种形式的宣传活动,如举办专题讲座、开展教育培训、发放宣传资料等,以全面阐释家校社共育的概念、意义和实践方式。同时,还应该利用各类媒体渠道进行广泛宣传,提高公众对于家校社共育的认识。此外,还应鼓励学校与社会紧密合作,共同推动家庭教育工作。通过加强宣传和教育,可以使更多人了解并积极支持家校社共育,从而为学生的健康成长提供更有力的保障。

图书在版编目（CIP）数据

家校社协同育人：一位中学校长的实践探索 / 罗向
军著. — 上海：上海教育出版社，2024.4
ISBN 978-7-5720-2650-8

Ⅰ.①家… Ⅱ.①罗… Ⅲ.①中学－学校教育－合作
－家庭教育－研究 Ⅳ.①G636

中国国家版本馆CIP数据核字(2024)第082317号

责任编辑　顾　翊
封面设计　周　亚

家校社协同育人：一位中学校长的实践探索
罗向军　著

出版发行　上海教育出版社有限公司
官　　网　www.seph.com.cn
地　　址　上海市闵行区号景路159弄C座
邮　　编　201101
印　　刷　上海盛通时代印刷有限公司
开　　本　700×1000　1/16　印张 9
字　　数　112 千字
版　　次　2024年4月第1版
印　　次　2024年4月第1次印刷
书　　号　ISBN 978-7-5720-2650-8/G·2338
定　　价　50.00 元

如发现质量问题，读者可向本社调换　电话:021-64373213